Ich will etwas vom Tod wissen

8359|G-Päd (Neupreis: DM 19,80)   6,80

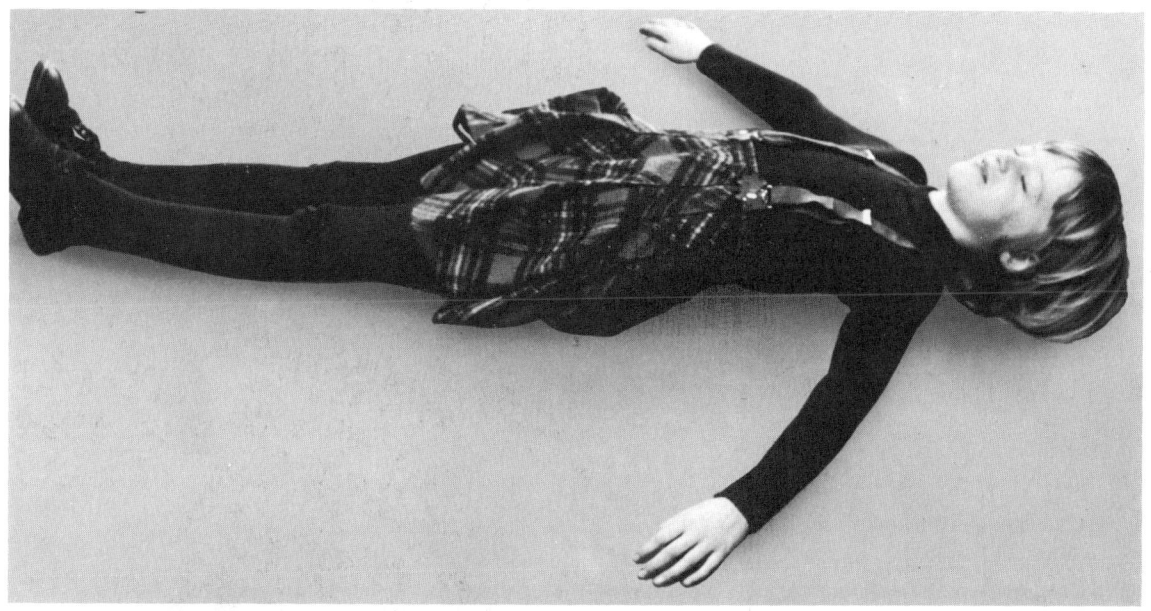

Geschichten vom Tod und vom Leben

Erzählt von Antoinette Becker
Fotografiert von Elisabeth Niggemeyer
Otto Maier Verlag Ravensburg

Unfall spielen

An einem Vormittag in der Vorschule: Birte darf ‚ohnmächtig‘ sein und macht begeistert mit. Sie läßt sich auf der Bahre wegtragen und Spritzen geben. Als aber der ‚Doktor‘ beim Abhorchen sagt: „Die lebt nicht mehr", springt Birte heulend auf und schreit: „Ich bin nicht tot!"

4

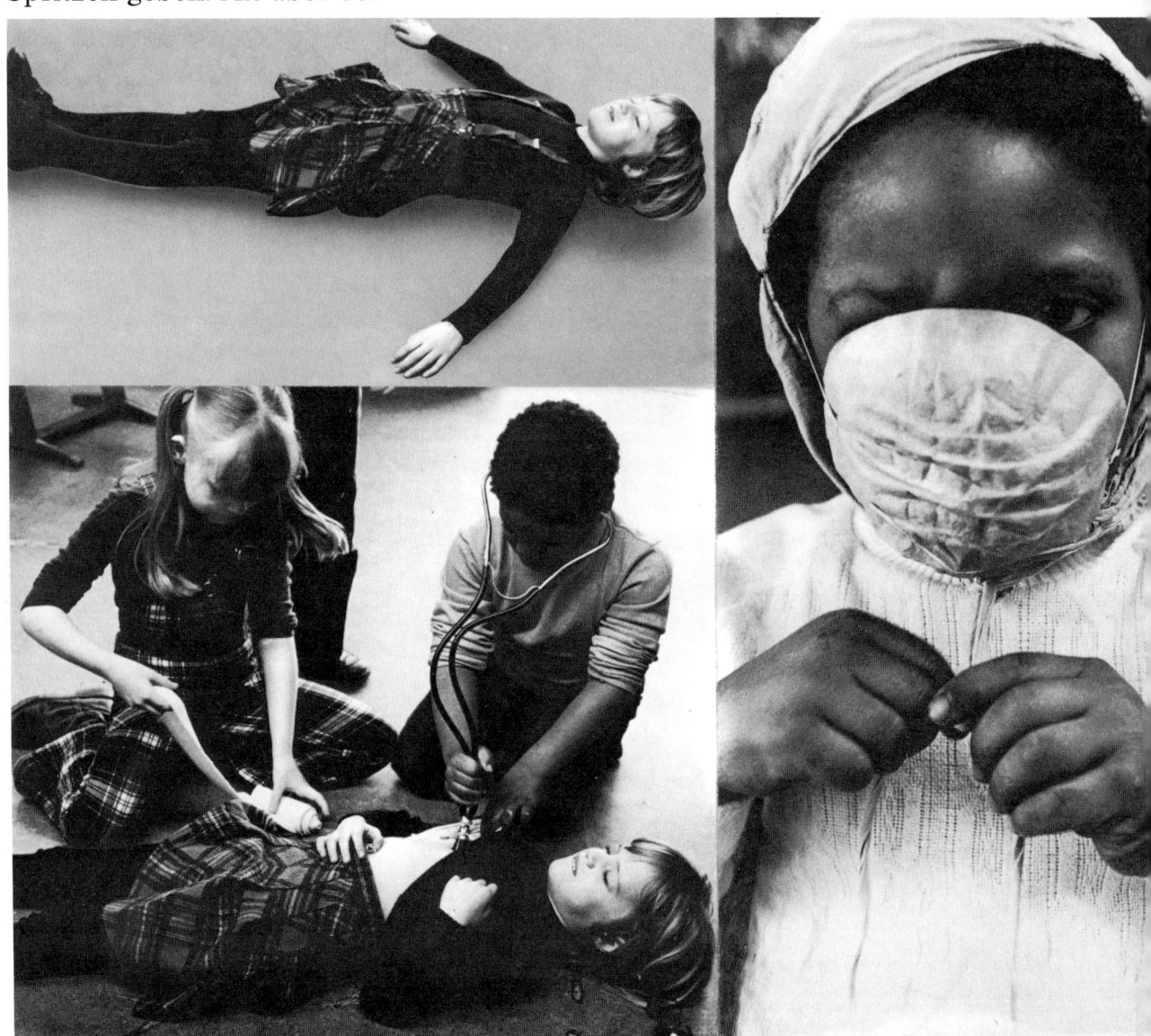

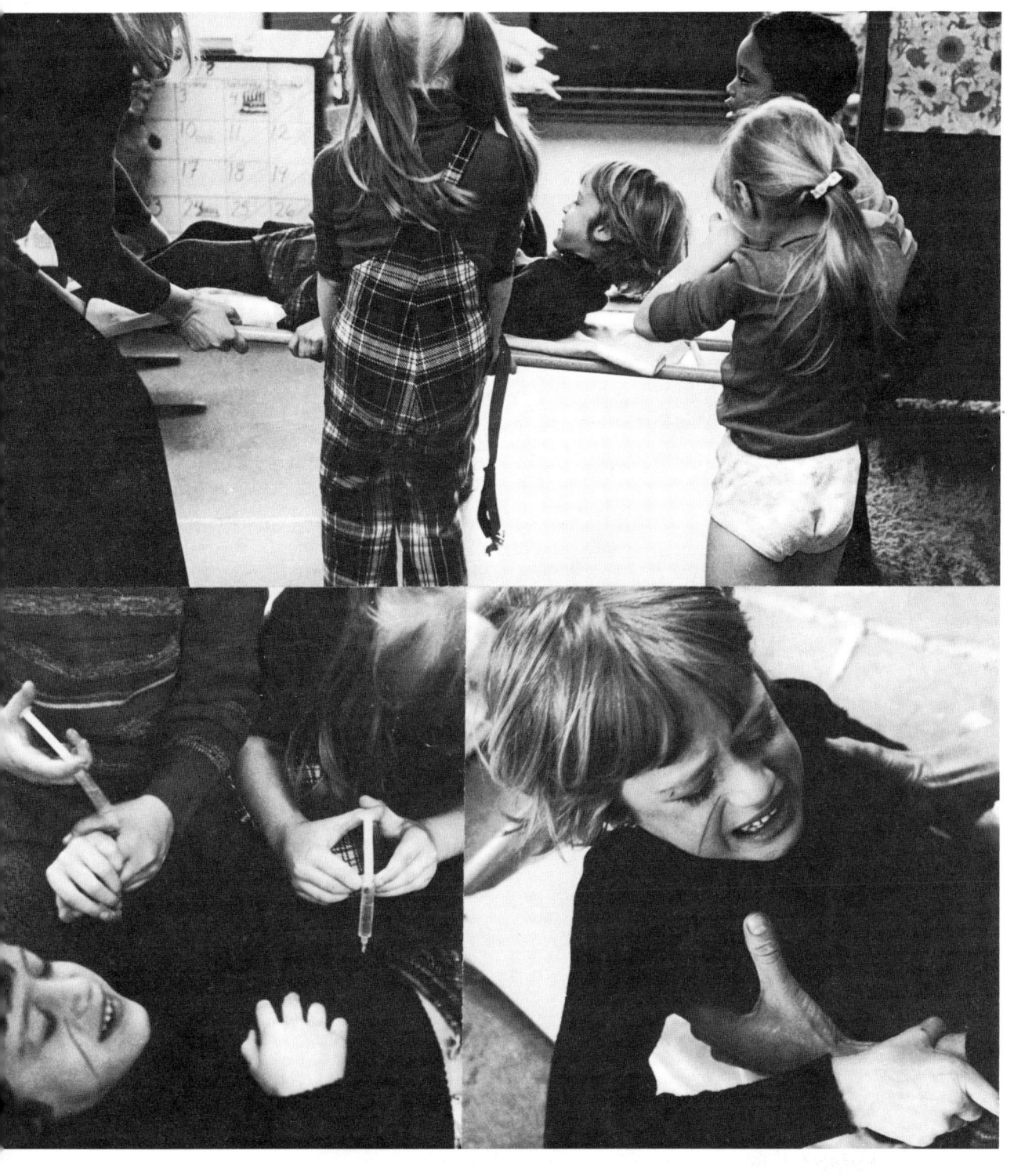

Der Schmetterling im Februar

Fabian ging hinter den großen, roten Vorhang am Fenster und schaute auf die Straße; draußen war der Schnee etwas getaut und die Sonne wärmte schon. Da entdeckte er auf einer der Falten des Vorhanges einen Schmetterling. Seine beiden Flügel waren aneinandergepreßt und sahen wie ein Flügel aus. Sie ließen etwas Farbe durchschimmern, Fabian kannte die schönen Farben seiner Flügel vom Sommer her; schwarz, leuchtendes braunrot und weiß. Es war ein Pfauenauge. Fabian glitt mit seinem Finger an den Füßen des Schmetterlings entlang und plötzlich saß er auf seinem Finger und öffnete einmal zitternd seine Flügel. Fabian erschrak. Der Schmetterling lebte! Dann fiel er zu Boden und lag auf der Seite. Mit zarten Fingern wollte ihn Fabian vorsichtig in seine Hand legen, aber das Tier verlor ein Stück Flügel und hinterließ einen feinen Staub auf Fabians Fingern. Fabian wartete ängstlich auf ein Lebenszeichen. Er hauchte das Insekt an und der Luftzug ließ noch einmal die Flügel beben.

„Der ist ja tot", schrie jetzt Fabian und rannte entsetzt zur Mutter.

„Mama, der hat eben noch mit den Flügeln geschlagen. Wirklich."

„Ich glaube es ja. Das Leben von Schmetterlingen ist kurz. Ein ganz kleiner Rest von Leben war diesem hier geblieben."

„Aber Mama, dann müßte die Erde ja voller toter Schmetterlinge sein."

„Sie leben ja nicht alle zur gleichen Zeit. Regen und Wind tun genau das, was auch deine Finger getan haben."

„Und wohin geht das, was übrig bleibt?"

„Es wird Staub und geht zur Erde zurück."

„Mama, der Schmetterling wacht doch wieder auf? Er kann auch mit dem kaputten Flügel fliegen, wenn ich ihn wieder dahin tue, wo ich ihn gefunden habe?"

„Nein. Der Schmetterling ist tot."

„Für immer?"

„Ja, für immer."

„Was passiert jetzt?"

„Trag den Schmetterling unter den Baum am Tor und leg ihn auf die Erde."

Am nächsten Morgen war nichts mehr vom Schmetterling zu sehen. Es hatte wieder geschneit und ein kalter Wind blies.

7

Großmama stirbt

Als Robert aus der Schule kommt, sieht er, daß Mama geweint hat. Robert will zu Großmama rennen, das tut er immer, wenn er aus der Schule kommt. Aber Mama und Otto, sein Bruder, halten ihn zurück.

„Du", flüstert Mama, „Großmama ist sehr krank."

„Ist sie tot?" sagt Robert. Er weiß gar nicht, warum er so etwas sagt.

„Halt doch den Mund", sagt Otto. Mama schluckt ein paarmal, bevor sie sagt: „Großmama wird wahrscheinlich sterben."

Robert dreht sich um und geht in sein Zimmer und holt die Eisenbahn heraus. Dann geht er wieder auf den Gang. Otto steht immer noch da. Er sieht finster und böse aus.

„Mama, ich will Großmama sehen", sagt Robert.

Mama zögert; dann nimmt sie Robert an die Hand und betritt Großmamas Zimmer. Für Robert ist es das schönste aller Zimmer. Das Bett steht heute nicht an der Wand, sondern es ragt ins Zimmer hinein. Robert sieht Großmama an. Sie ist es und sie ist es nicht. Wo ist sie denn? Doch, es ist Großmama. Sie schaut Robert unverwandt an und plötzlich fürchtet sich Robert. „Sag

doch was, Großmama."

Aus Großmamas Mund kommen Laute, aber keine Worte. Mama streichelt ihre Hand, Otto steht plötzlich auch am Bett und sagt kein Wort.

„Großmama kann nicht mehr sprechen, sie hat einen Schlaganfall gehabt. Vielleicht kommt die Sprache wieder", sagt Mama. Großmama hebt etwas die rechte Hand.

‚Sie hört sicher alles', denkt Robert und ergreift Großmamas Hand, die sehr kühl ist.

„Wir bleiben etwas bei ihr sitzen, damit sie nicht alleine ist."

Großmama atmet seltsam.

„Geh spielen, Robert. Morgen besuchst du sie wieder."

Robert streichelt Großmama noch einmal. Sie hat ihre Augen geschlossen.

„Laß sie doch", murmelt Otto.

Für Großmama hat es keinen Morgen gegeben. Sie ist in dieser Nacht gestorben. Mama hat Robert und Otto gesagt: „Großmama ist tot".

„Wann kommt sie denn wieder", will Robert wissen.

„Sie kommt nie wieder."

Otto hat nichts gefragt und auch nichts gesagt. Mama weint und Papa

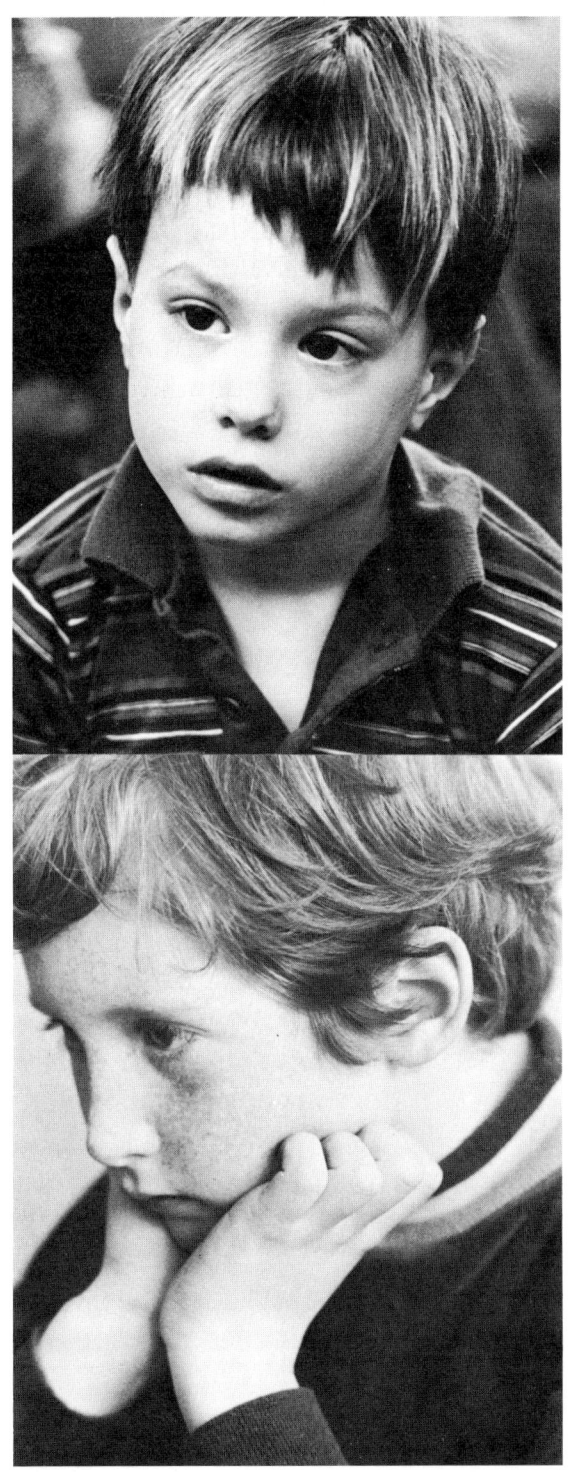

nimmt Mama in die Arme, und sie weint weiter an seiner Schulter. Auch er sieht traurig aus. Warum ist Großmama denn plötzlich tot? Warum war sie denn krank? Muß man denn immer sterben, wenn man krank wird?

„Nein, nein!" Robert ist ärgerlich, er versteht nichts mehr. Vor einem Monat starb die Mutter von Yvonne, da hatte er sich gar nichts gedacht. Yvonne kam wieder in die Schule, und alles war wie immer.

Aber mit Großmama ist es anders. Großmama liegt auf ihrem Bett. Sie ist blaß und fremd. Ihre Augen sind etwas eingesunken und ihr Mund ist starr. Sie hat eine Binde um den Kopf, als hätte sie Zahnweh.

„Ist das Großmama?" sagt Robert ganz leise. „Warum brennt die Kerze da? Ich will zu ihr." Zum erstenmal weint Robert: über sich selbst, über Mama, über Großmama, darüber, daß plötzlich alles fremd und anders ist.

9

Später sitzt er mit Mama und Otto auf dem Sofa im Wohnzimmer. Otto hat seinen Kopf an Mamas Hals vergraben, er ist stumm, manchmal seufzt er. Als Tante Anna in das Zimmer kommt, sagt sie zu Robert: „Komm, hör auf zu weinen. Sei tapfer, mach die Mama nicht noch trauriger als sie schon ist."

„Laß uns doch weinen, Anna. Es tut uns gut. Wir sind traurig. Laß uns", sagt Mama. Tante Anna antwortet nichts. Sie weint nicht.

„Ist Tante Anna nicht traurig?" fragt Robert leise. „Doch sehr, aber sie kann es nicht zeigen."

Otto schaut Mama mit einem dankbaren Blick an. Er kann auch nicht weinen, und Mama scheint es zu verstehen.

Nachmittags, als Robert im Garten war, sind vier Männer in dunkelgrauen Anzügen an ihm vorbeigelaufen, die einen Sarg getragen haben. Sie sind die Treppe hinaufgegangen. Robert wollte ihnen nachlaufen, dann aber hat er gezögert. Nach einer Weile sind die Männer langsam und vorsichtig die Treppe heruntergekommen, der Sarg schien jetzt schwerer zu sein. Sie haben ihn bis zu einem schwarzen Auto getragen und ihn durch die hintere Türe hineingeschoben, wie bei einem Lieferwagen. Robert hat schon manchmal diese schwarzen Autos gesehen, aber er hat sich nichts dabei gedacht. Bei seinem Großvater auf dem Land haben Robert und Otto einmal einen Wagen gesehen mit einem Baldachin, ein schwarzes Dach auf Säulen mit Fransen und Quasten, unter dem der Sarg offen stand, bedeckt mit Kränzen und Blumen. Zwei Pferde zogen den Totenwagen. Das fanden Robert und Otto sehr schön.

Das Auto mit dem Sarg ist abgefahren. Robert schaut ihm nach, dann aber rast er plötzlich die Treppe hinauf. Die Tür von Großmamas Zimmer ist sperrangelweit offen. Das Bett ist leer. ‚Ist Großmama aufgestanden? Sie war doch so krank. Warum ist sie heimlich fort?' fragt sich Robert. Otto ist ihm nachgerannt. Er ärgert sich, daß Großmama fort ist. Was soll er in diesem Zimmer? Da unten im Regal liegt das große Bilderbuch aus Großmamas Kindheit. Manchmal zeigte sie es den Kindern. Dort liegen auch noch die Würfel für das Yan-Spiel. Alles liegt an seinem Platz, nur Großmama ist weg. — ‚Nein, sie ist doch noch da'. Robert ist ganz verwirrt.

Abends sitzen beide Kinder bei der Mutter.

„War Großmama in dem Sarg, der mit dem Auto weggefahren ist? Wohin haben sie sie gebracht?" fragt Robert.

„In die Leichenhalle beim Friedhof. Dort steht der Sarg, bis sie begraben wird."

„In diesem engen Sarg, Mama? Und wenn sie aufwacht, wie kommt sie da raus?"

„Sie ist tot. Der Arzt hat es festgestellt. Wir sehen sie hier nie mehr wieder."

„Und wohin kommt sie dann?"

„In die Erde, auf den Friedhof neben

Großpapa."

„In ein Loch in die Erde?"

„Frag doch nicht so", brummelt Otto. „Laß ihn", sagt Mama, „Großmama kommt in die Erde. Die Hülle des Menschen, sein Körper, löst sich auf, wenn er tot ist; sie wird wieder zu Erde."

„Und Großmama?"

„Großmama auch. Aber das, was Großmama war, lebt weiter. Sie hat euch sehr lieb gehabt, ihr sie auch, das wird nie verloren gehen."

„Bleibt es in der Luft?"

„Ich weiß nicht, aber ich kann mir nicht vorstellen, daß überhaupt etwas verloren geht. Wir weinen nur, weil wir den Menschen, den wir lieben, nicht mehr bei uns haben. Wir können ihn nicht mehr anrühren, nicht mehr sehen, nicht mehr hören, nicht mehr küssen."

„Ich höre Großmama trotzdem", sagt Otto plötzlich.

„Geht sie zum lieben Gott, so wie ein Engel?" fragt Robert.

„Das weiß ich nicht. Ich glaube, daß Gott sie aufnimmt. Wie, weiß ich nicht, aber ich weiß, daß sie für immer in den Frieden eingeht."

„Was ist Frieden?"

„Ein Ort oder ein Zustand, wo man durch nichts mehr verwirrt oder gekränkt wird, wo man nicht mehr Angst hat."

„So, als wenn ich schlafe?"

„Nein, das glaube ich nicht."

11

„Eigentlich könnte man ja gleich tot sein, wenn alles so schön ist. Warum bin ich auf der Erde?" sagt Otto mürrisch.

„Um zu leben", antwortet die Mutter. „Das heißt, um viele Erfahrungen zu machen, gute und schlechte, um die Welt kennen zu lernen, um Glück zu finden, zu wachsen, zu lernen, zu helfen und zu lieben. Jedes Leben führt zu einem Tod. Nur was gelebt hat, kann sterben. Der Tod gehört zu jedem Leben."

Großmamas Begräbnis

Robert und Otto dürfen zum Begräbnis von Großmama mit. Mama hat sich schwarz angezogen, Papa auch. Die Kinder haben ihre besten Kordsamthosen und Jacken an. Otto hat gemurmelt: „Warum denn all' dies Getue?"

„Man zieht sich halt so an, um Großmama zu ehren„ sagt Vater.

„Mit der Hose? Was soll ich denn ehren, sie ist doch sowieso tot, oder?"

Otto ist seit Großmutters Tod verschlossen und unansprechbar.

Die Familie trifft sich mit Freunden und Verwandten vor der Kirche.

„Der ist ja gar nicht traurig", flüstert Sonja, eine Cousine, zu ihrem Bruder. Dabei schaut sie auf Otto. In den hinteren Bänken in der Kirche sitzen schon Leute, die Otto kennt. ,Was machen die denn hier?' fragt er sich. Die Orgel spielt, Mamas Schwester schluchzt plötzlich laut, Onkel Anselm schneuzt sich. ,Vorher haben sie doch nicht geweint.'

Mama sieht sehr traurig aus, Papa streichelt ihren Arm. Otto wird ganz wütend über sich, er möchte an Großmama denken, aber immer kommen andere Bilder dazwischen. ,Habe ich mein Fahrrad abgeschlossen?' denkt er, ,der Arnim schuldet mir 'ne Mark'. Dazwischen hört er den Pfarrer sprechen. ,Immer sagt er die Verstorbene. Wen meint er nur? Wo ist Großmama? In dem Sarg? Hoffentlich ist sie wirklich tot. Ach, wie kann ich so was denken! Vielleicht klopft es aus dem Sarg.'

„Laßt uns beten", sagt der Pfarrer. Die Leute stehen auf. Viele weinen, auch Mama. Dann wird es still. Männer mit Schildmützen legen die Blumen auf die Seite und heben den Sarg auf einen kleinen Wagen. Die Blumen und Kränze kommen wieder oben drauf. Der Wagen wird langsam zur Kirche herausgeschoben; hinter ihm gehen der Pfarrer, Otto, sein Bruder Robert, seine Eltern und die Trauergesellschaft. Sie laufen alle durch den Friedhof, bis zu der Stelle, wo Großmama begraben wird. ,Wie die Leute schauen. Schaut nur, schaut nur — Affen, blöde', denkt Otto und fühlt sich sehr elend, denn gegen all die Schimpferei kommen Tränen und große Trauer. Aber Otto macht sich steif. ,Ich weine nach innen', denkt er. ,Keiner soll was sehen. Wie langsam die laufen!' Er schaut links und rechts vom Weg und liest die Grabinschriften. Er versucht auch die Daten zu lesen:

‚1888–1976 – dieser Mann ist vor zwei Jahren gestorben, geboren ist er 1888. 12 Jahre bis 1900 und von 1900 bis 1976 = 76 Jahre. Wie alt war er?' Otto rechnet mühsam.

„Lauf doch", flüstert Vater.

‚12 und 76 macht 88 Jahre, der war wirklich alt. Großmama war nur 80.'

Auf einem anderen Grab steht ein Name:

Anton Lorenz
1965 — 1976

‚Mein Gott, der ist ja nur elf Jahre alt geworden. Ein Jahr älter als ich. Das ist ja ein Kind. Warum der wohl mit elf gestorben ist?'

Jetzt gehen die Menschen noch langsamer. Sie halten vor einem tiefen, großen Loch in der Erde.

Die Träger nehmen den Sarg vom Wagen und stellen ihn auf die Bretter, die über dem Loch liegen.

Dann nehmen sie die Mütze herunter und sagen: „In Gottes Namen" und lassen den Sarg an Gurten herunter.

Der Pfarrer spricht zu den Menschen, die um das Grab stehen und diesmal hört Otto etwas zu. Beim ‚Vaterunser' sagt er ein paar Worte mit.

„Staub bist du und zu Staub kehrst du zurück," sagt der Pfarrer und wirft Erde auf den Sarg, „der Herr aber . . . "

14

‚Hoffentlich hat er die schönen Rosen nicht getroffen', denkt Otto. Mama geht vor, wirft ein Sträußchen auf den Sarg. Dreimal nimmt sie Erde und wirft sie in das Loch. Dann bleibt sie stehen und schaut hinunter. Papa hilft ihr zurück. Er nimmt auch Erde und wirft sie auf den Sarg. Alle tun es ihm nach, auch Otto, auch Robert. ‚Es macht mir nichts, es macht mir gar nichts aus', denkt Otto.

Tatsächlich, da unten liegt der Sarg. Und Großmama liegt in der Erde. Dort hat sie es wärmer. Wie Mamas Tulpenzwiebel. Aber da kommt eben eine Tulpe heraus. Bei Großmama wächst keine Großmama. Aber sie ist doch woanders. Mama hat es gesagt. Sie spielt auch nicht Geist mit so einem Tuch. Das ist alles Quatsch. Papa nimmt Robert an der Hand und gibt Mama den Arm, Otto steht an Mutters Seite. Dann stehen sie

am Grab und warten, bis alle an ihnen vorbeigegangen sind. Manche werfen Blumen auf den Sarg, manche Erde. Der Pfarrer geht zu den Eltern und drückt ihnen die Hand. Menschen kommen zu den Eltern, zu Robert und zu Otto, sie murmeln etwas und schütteln ihnen die Hand. ‚Was murmeln sie?‘ Otto versteht immer nur Beileid. Eine

Freundin von Mama küßt sie und Robert. Sie lächelt Mama traurig an. Tante Elisabeth streichelt Ottos Backe und sagt: „Komm mal zu uns, wenn du magst."
Otto mag Elisabeth sehr gerne; als sie ihn anspricht, bekommt er einen Kloß im Hals.
‚Großmama ist wirklich tot‘, denkt Otto, ‚ich bin so traurig‘.

Alt werden

„Vater, wirst du einmal alt, so alt wie Großvater zum Beispiel?"

„Wenn ich am Leben bleibe, ja, vielleicht auch älter."

„Wird jeder Mensch alt?"

„Alles, was Leben in sich hat, wird alt, nur eben verschieden alt. Wie alt bist du?"

„Achteinhalb Jahre. Aber ich bin noch jung."

„Sicher, aber jeder Tag macht auch dich älter. Du sagst doch: dieses Baby ist drei Tage alt. Ein Baum wird auch älter, ein Tier wird älter, und auch Blumen, Sträucher und sogar die Erde werden älter. Alles Lebendige verändert sich. In unserem Körper gibt es Zellen, die absterben und sich erneuern."

„Was sind Zellen?"

„Stell dir ein Haus vor. Das besteht aus Bausteinen. Und ein Mensch besteht aus Zellen, das sind lauter winzige Bausteine. Stell dir dein Blut vor: mit dem Mikroskop siehst du, daß es dort Millionen von roten und weißen Zellen gibt, die man Blutkörperchen nennt. In jeder Sekunde sterben zweieinhalb Millionen dieser Zellen-Blutkörperchen und werden sofort durch neue ersetzt. Wo Leben ist, ist immer Bewegung, Veränderung. Die Zellen der Haut erneuern sich alle acht Tage, die des Darmes alle zwei Tage.

In einem gewissen Alter, wenn der Mensch längst erwachsen ist, erneuern sich zum Beispiel die Zellen der Haut nicht mehr so schnell. Dann bekommt man Runzeln. Alle Zellen erneuern sich langsamer.

Wenn man alt wird, kann man weniger Dinge tun als ein junger Mensch: heben, tragen, rennen oder springen. Man wird steifer, man hat weniger Kraft, man hört und sieht schlechter, man schrumpft zusammen und wird tatsächlich kleiner. Wir sind dann abgenutzt, wie ein altes Auto, das viele Kilometer gefahren ist. Manchmal sagt man von einem Menschen: Der sieht aber noch gut aus für sein Alter, der ist noch sehr rüstig! Wir wundern uns, daß er nicht klappriger ist, da er doch über siebzig Jahre alt ist. Wenn du deiner Urgroßmutter, meiner Großmutter, die bald 90 Jahre alt ist, etwas erzählst, wirst du oft ungeduldig, weil sie so langsam versteht und vieles schnell vergißt. Den Tieren geht es nicht anders. Weißt du noch, wie schusselig der Dackel Waldi geworden ist, als er alt wurde, und wie er sein Hinterteil nicht mehr heben konnte?

Ich muß dir noch etwas Aufregendes

19

sagen: In jeder Zelle eines Tieres ist der ganze Plan dieses Tieres enthalten. So wie in jeder Zelle eines Gänseblümchens bestimmt ist, wie groß es werden wird, und wie lange es leben kann. Stell dir vor, wenn eine kleine Ameise so groß würde wie ein Elefant!*

Alles, was lebt, muß einmal sterben. Tiere und Pflanzen leben ganz unterschiedlich lang. Ein Fuchs kann 8–10 Jahre alt werden, ein Schwein 10 Jahre, ein Rabe 60 Jahre, eine Riesenschildkröte sogar 150 Jahre. Manche Eintagsfliegen leben nur wenige Stunden. Dagegen kann ein Rosenbaum 300 Jahre alt werden, und ein Brotbaum kann es bis zu 1000 Jahren bringen.* Ein Mensch wird in der Regel siebzig bis fünfundsiebzig Jahre alt. Früher meinte man, ein Mensch sei gestorben, wenn sein Herz nicht mehr schlägt. Heute weiß man, daß er tot ist, wenn sein Gehirn nicht mehr arbeitet.

Aber man stirbt nicht nur im Alter. Unglücksfälle, schlechte Ernährung, Hungersnöte, verschmutzte Luft, das Rauchen, zu viel Arbeit, wenig Erholung, Trunksucht und andere Süchte schädigen die Gesundheit, verursachen Unfälle und lassen Menschen früher sterben, als sie es ohnehin müßten. Ein anderes Mal erzähle ich dir, wie schön auch das Alter sein kann.

20

* Wolfgang de Haen „So wächst ein Tier   wie wachse ich?"

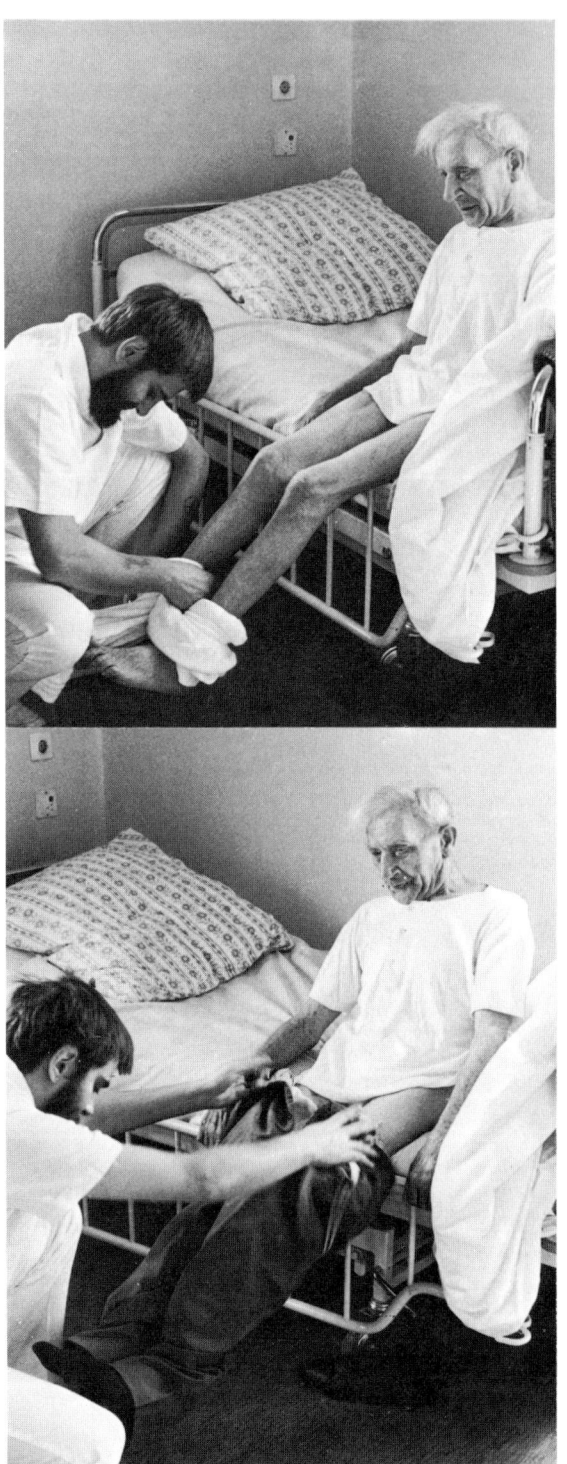

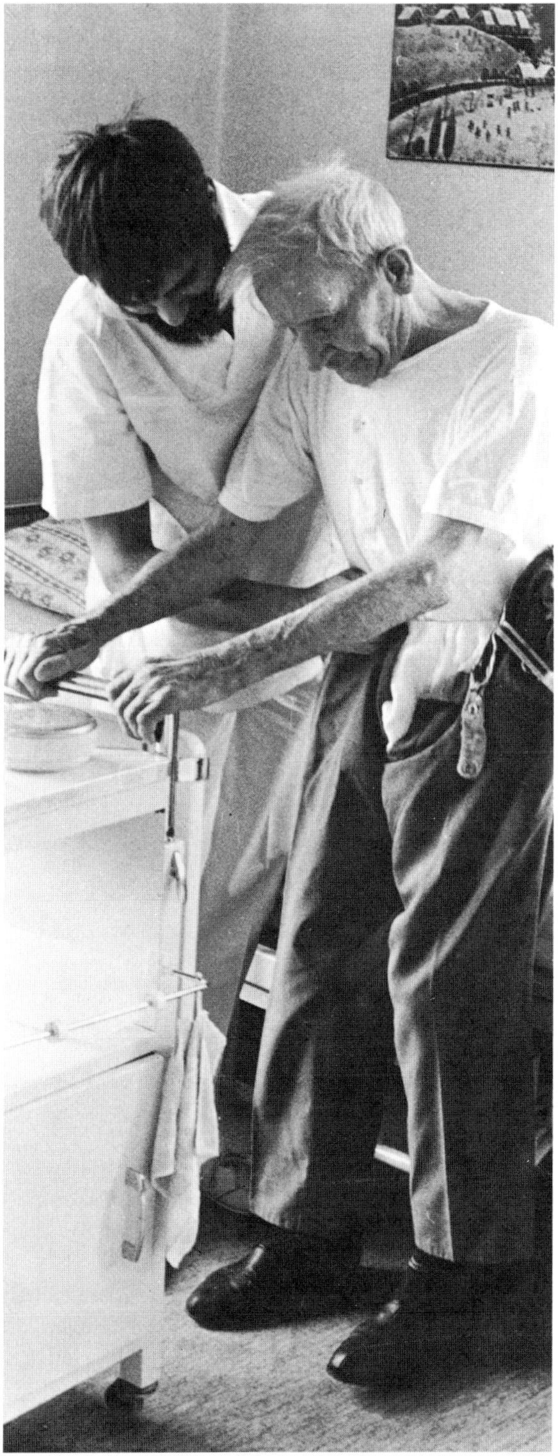

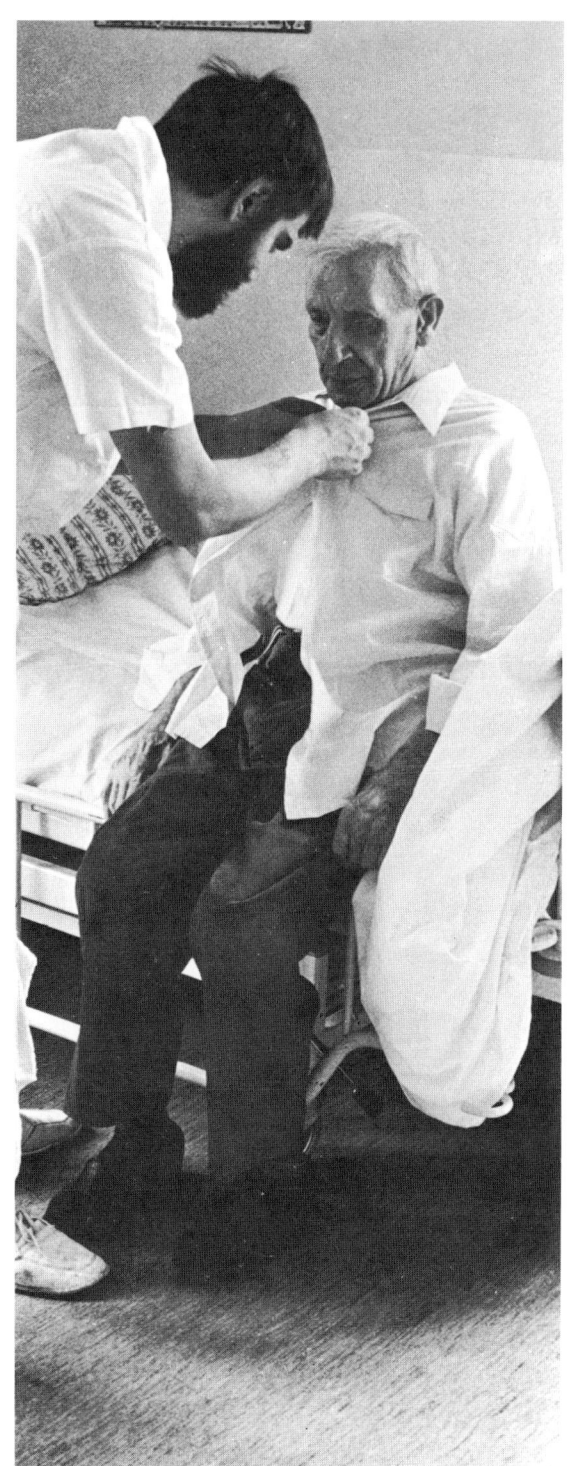

Der Lauf in der Natur

Während des Unterrichts zeigt die Lehrerin einen Film über wilde Tiere in Afrika:
Weite Ebenen, niedere Flüsse, Gebüsch und hie und da große, ausladende Bäume ziehen lange vorbei unter einem sehr blauen Himmel.
„Kühe!" ruft ein Kind.
„Scht, ruhig!"
Ein Rudel von Gnus galoppiert durch die Ebene, dicht hintereinander. Ein Gnu läuft langsamer, es bleibt zurück. Der Abstand zwischen ihm und der Herde wird größer. Einmal bleibt es stehen, hebt den Kopf, als wittere es etwas.
Eine große Löwin sieht man hinter Gebüsch lauern. Sie läuft plötzlich lautlos und schnell, springt das Gnu von hinten an und überwältigt es. Das Gnu liegt am Boden. Die Herde ist weit entfernt. Es sind jetzt drei Löwinnen beim Gnu, die sich am Mahl beteiligen. Die Löwenjungen kommen noch dazu und versuchen etwas zu erhaschen. Die großen machen sich breit. Im Geäst eines kahlen Baumes sitzen Geier. Manchmal erheben sie sich in die Luft mit großen Flügelschlägen, kreisen über den Löwen und dem Gnu und lassen sich wieder auf den Ästen nieder.
„Sie sehen schrecklich aus", sagt ein Junge. „Diese nackten Hälse."
„Und wie sie warten", flüstert ein Mädchen.
Als die Löwen satt sind und sich zurückziehen, stürzen sich die Vögel auf die Reste des Gnus. Als sie endlich wegfliegen, bleiben nur saubere Knochen übrig. Wieder zeigt der Film die große, weite Landschaft, die große Sonne. Manchmal liegen weiße Knochen irgendwo herum.
„Diese Tiere sind auch gefressen worden", sagt ein Junge.
Der eine Teil des Films ist zu Ende.
„Diese Löwen sind böse", sagt ein Mädchen.
„Einfach so angreifen. Dieses Gnu hat doch den Löwen nichts getan", meint ein anderes.
„Der Vogel im Nest hat der Katze doch auch nichts getan", antwortet ein Schüler.
„Töten sich denn alle untereinander?" fragt ein Mädchen.
„In der Natur tötet oft der Stärkere einen Schwächeren oder einen Kranken, ein Größerer den Kleineren", antwortet die Lehrerin. Das Leben auf unserer Erde läuft nach bestimmten Gesetzen ab. Dieses Gnu war vielleicht alt oder krank, einfach nicht mehr lebensfähig. Das spürte die Löwin. Dieses Tier hat sie angegriffen. Sie ist ja kein pflan-

zenfressendes Tier. Ihr Gebiß ist das eines fleischfressenden Tieres. Die Löwin macht Ordnung in ihrem Bereich. Es gehört zu ihrem Leben. Sie ist der Jäger in ihrem Revier. Sie paßt sozusagen auf, daß die pflanzenfressenden Gnus sich nicht zu sehr vermehren und damit die Pflanzenwelt gefährden. Auch die Geier haben ihre Aufgaben. Sie sorgen dafür, daß kein Fleisch verfault und den Boden vergiftet. Diese Tiere sind nicht böse in unserem Sinn."

„Sind Menschen böse?" fragt Anja.

„Gut und böse, Anja. Aber sie können zwischen dem, was sie für gut und böse halten unterscheiden."

Sie töten sich auch", sagt Olaf. „Ja, sie töten sich auch. Das weißt du ja, Olaf."

„Töten ist schlecht", erwidert Olaf. „Verhungern lassen ist auch Töten, die Erde verderben und ausbeuten ist auch Töten. Wir müssen auf unsere Weise für die Welt und die Menschen sorgen."

Ich habe einmal eine Geschichte gehört, die ich euch noch erzählen will. Ein russischer Kaiser schenkte damals dem deutschen Kaiser einige Elche. Dieser ließ sie im Norden seines Landes ansiedeln, wo sie unter ähnlichen Bedingungen lebten wie in Rußland. Sie fanden das gleiche Futter, und das Klima war

23

dem in Rußland ähnlich. Zuerst ging es den Elchen sehr gut. Nach einer gewissen Zeit aber fingen sie an zu sterben, ohne daß man wußte warum. Ein russischer Förster kam aus Rußland und lebte eine Zeitlang mit den Elchen in den deutschen Wäldern und beobachtete sie. Nach einiger Zeit fand er den Grund. „Es fehlen die Wölfe", sagte er.

Marion und Mozart

Marion steht vor der Musikschule. „Weißt du jetzt deinen Weg?" fragt Mutter.
„Ja, an Johann Sebastian Bach vorbei, die erste Treppe herauf bis Mozart, die zweite Treppe bis Beethoven und rechts die erste Türe." Marion kennt die Standbilder aus Marmor. Jedes-

mal, wenn sie zur Klavierstunde geht, muß sie an ihnen vorbei.
Eines Abends darf Marion in die Oper, zum allererstenmal, in die „Zauberflöte" von Mozart. Sie staunt, als sie das Programm liest: „Ist das derselbe Mozart wie von dem Standbild in der Musikschule?"
Als die Sänger sich am Ende verbeugen, klatscht Marion begeistert. Ein Herr kommt auch auf die Bühne und verbeugt sich.
„Das ist nicht Mozart", stellt Marion fest.
„Nein", sagt Vater, „das ist der Dirigent. Mozart ist ja schon fast zweihundert Jahre tot. Was du kennst, ist sein Standbild, das steht jetzt an vielen Plätzen der Welt, weil er so berühmt geworden ist, und die Leute ihn ehren wollen.
Aber es gibt auch Standbilder von anderen Menschen, die nicht Musiker waren und die man heute noch feiert. Du gehst in die ‚Droste-Hülshoff-Schule'; die Droste war eine Dichterin, die vor 150 Jahren lebte. Dein Bruder geht auf die ‚Caspar-

25

David-Friedrich-Schule'. C. D. Friedrich war ein berühmter Maler vor mehr als zweihundert Jahren. In deinem Lesebuch sind zwei seiner Gemälde abgebildet: das erschreckend schöne ‚Riesengebirge' und der Jäger im Wald."

„Ach, ja! Das mit den hohen Tannen und dem Schnee!"

„In vielen Kirchen und Domen siehst du die Statuen von Christus, von Heiligen, von Menschen aus der Heiligen Schrift, die man verehrt und die man sich vielleicht besser vorstellen kann, wenn man sie als Bild sieht, obwohl sie vielleicht ganz anders ausgesehen haben. Dein Mozart aber sieht so aus, wie auf dem Standbild. Sein Grab kennt man nicht mehr genau, aber die ganze Welt spielt immer noch seine Musik, sie ist so neu wie damals."

Der Stammbaum

Manchmal schaute Großvater mit Jochen die Familienalben an. Auf dem ersten Blatt war ein großer Baum abgebildet mit Schildchen am Stamm und in seinem Astwerk.

„Das ist der Stammbaum der Familie Krumm", sagte Großvater.

„Schau, da oben steht dein Name."

„Mein Name?"

Tatsächlich, da stand ein Kästchen mit Jochen und seinem Geburtstag. Sein Kästchen war durch Striche mit einem anderen Kästchen verbunden, das unter seinem stand.

„Das sind die Namen deiner Eltern. Und da stehen wir, Großmama Margarethe Johanna und ich, weil wir die Eltern von deinem Vater, von Onkel Hans Christian und Onkel Manfred sind. Sie sind unsere Kinder. Großmutter starb drei Jahre vor deiner Geburt. Ich habe wieder geheiratet. Diese Großmutter kennst du. So geht es immer weiter zurück in der Zeit; da sind meine Eltern, deine Urgroßeltern und deren Kinder und Eltern. Über vierhundert Jahre zurück bis 1560 wissen wir etwas von unseren Vorfahren. Manchmal fehlt das Todesdatum. Sie waren hauptsächlich Bauern und Müller. Später gab es mal ein paar Bürgermeister, einen Schneider, einen Bäckermeister, einen Lehrer und viele Kaufleute. Jetzt zeig ich dir die Fotos dazu. Die gehen nur bis 1860 zurück. Früher konnte man noch nicht photographieren, man malte oder zeichnete. Schau, das bin ich."

„Du hast ja ein Röckchen an."

„Ja, so war man angezogen. Das ist meine Mutter. War das ein Hut und ein Kleid! Mein Großvater trug einen Zylinder, und eine dicke Uhr mit einer Kette auf dem Bauch."

„Du, Großvater, der da trägt ja Spitzen am Hemd!"

„Na ja, das war eben die Mode. Mein Großvater bewahrte all die Fotos in Mappen auf. Mein Vater hat sie aufgeklebt, so daß wir alle etwas davon haben. Jetzt gehen wir noch zu Großmutter ins Zimmer, da hängen die kleinen gemalten Bilder. — Das ist eine deiner Ur-Ur-Urgroßmütter."

„Die trägt ja eine Perücke?"

„Maria-Rosina hieß sie, einen Namen, den man kaum mehr in dieser Zusammenstellung hört. Sie starb mit 42 Jahren, ihr Mann heiratete wieder. Siehst du, hier steht der Name seiner zweiten Frau."

„Warum sind hier oben weiße Flächen in den Kästchen?"

„Da fehlt das Todesdatum, Jochen. Diese Menschen sind noch am Leben, das sind wir."

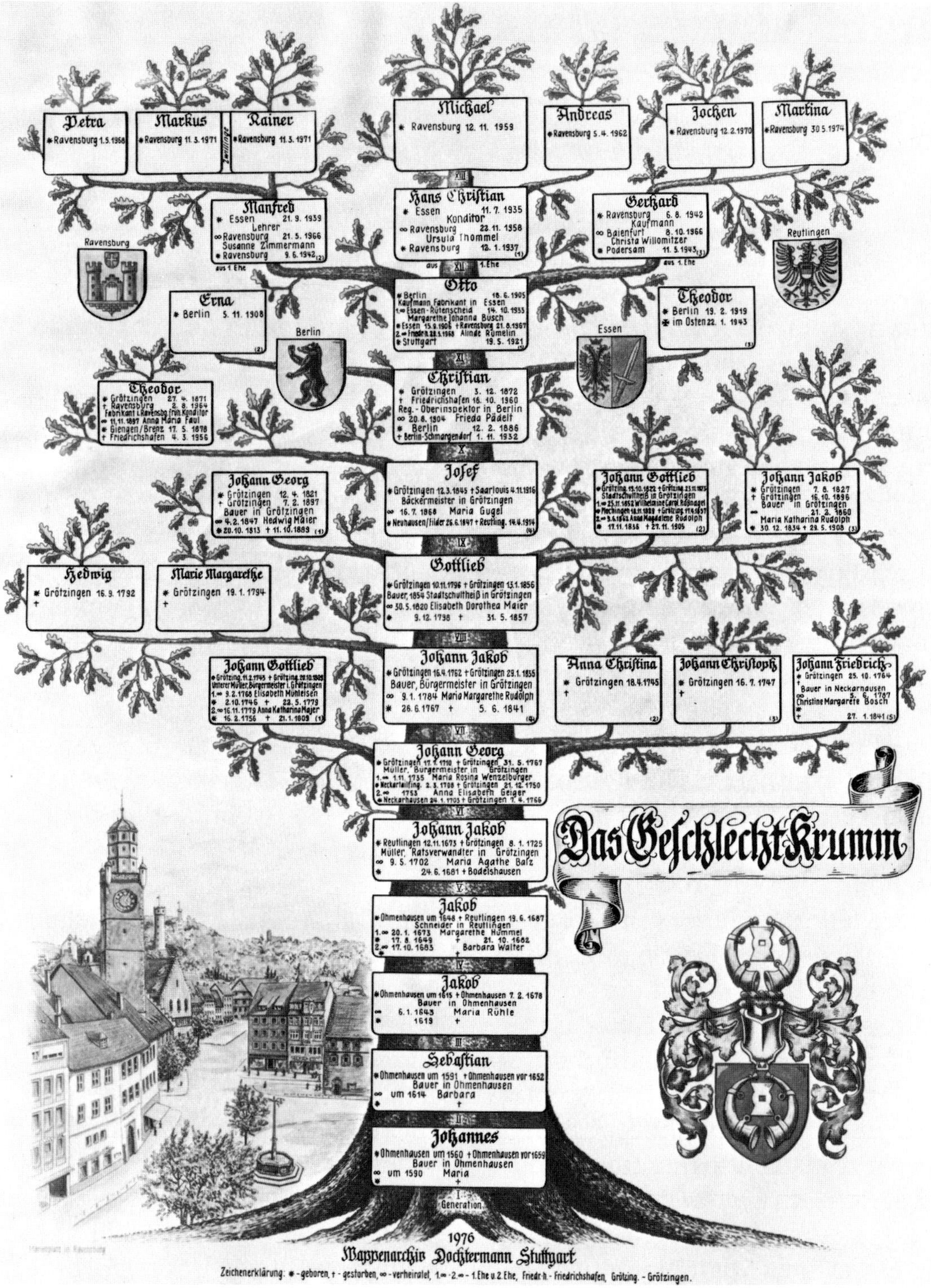
Petra
* Ravensburg 1.5.1968
Markus
* Ravensburg 11.3.1971
Zwillinge
Rainer
* Ravensburg 11.3.1971
Michael
* Ravensburg 12. 11. 1959
Andreas
* Ravensburg 5.4.1962
Jochen
* Ravensburg 12.2.1970
Martina
* Ravensburg 30.5.1974
XIII
Manfred
* Essen 21. 9. 1939
Lehrer
∞ Ravensburg 21. 5. 1966
Susanne Zimmermann
* Ravensburg 9. 6. 1942 (2)
aus 1. Ehe
Hans Christian
* Essen 11. 7. 1935
Konditor
∞ Ravensburg 22. 11. 1958
Ursula Thommel
* Ravensburg 12. 1. 1937 (1)
aus XII 1. Ehe
Gerhard
* Ravensburg 6. 8. 1942
Kaufmann
∞ Baienfurt 8. 10. 1966
Christa Willomitzer
* Podersam 11. 5. 1943 (3)
aus 1. Ehe
Ravensburg
Reutlingen
Otto
* Berlin 18. 6. 1905
Kaufmann Fabrikant in Essen
1.∞ Essen-Rütenscheid 14. 10. 1933
Margarethe Johanna Busch
* Essen 15.9.1906 † Ravensburg 21.8.1967
2.∞ Friedr.h. 28.5.1968 Alinde Rümelin
* Stuttgart 19. 5. 1921
Erna
* Berlin 5. 11. 1908 (2)
Berlin
Theodor
* Berlin 19. 2. 1919
✠ im Osten 22. 1. 1943 (3)
Essen
XI
Theodor
* Grötzingen 27. 4. 1871
† Ravensburg 2. 8. 1964
Fabrikant i. Ravensbg. früh. Konditor
∞ 11.11.1897 Anna Maria Faul
* Giengen/Brenz 17. 5. 1878
† Friedrichshafen 4. 3. 1956
Christian
* Grötzingen 3. 12. 1872
† Friedrichshafen 16. 10. 1960
Reg.-Oberinspektor in Berlin
∞ 20. 8. 1904 Frieda Pädelt
* Berlin 12. 2. 1886
† Berlin-Schmargendorf 1. 11. 1932
X
Johann Georg
* Grötzingen 12. 4. 1821
† Grötzingen 7. 2. 1897
Bauer in Grötzingen
∞ 4. 2. 1847 Hedwig Maier
* 20. 10. 1813 † 11. 10. 1889 (1)
Josef
* Grötzingen 12.3.1845 † Saarlouis 4.11.1916
Bäckermeister in Grötzingen
∞ 16. 7. 1868 Maria Gugel
* Neuhausen/Filder 26.6.1847 † Reutling. 14.4.1914 (4)
Johann Gottlieb
Stadtschultheiß in Grötzingen
1.∞ 25.11.1852 Wilhelmine Carol. Roßnagel
2.∞ 3.6.1862 Anna Magdalene Rudolph
* 17.11.1836 † 27.11.1905 (2)
Johann Jakob
* Grötzingen 7. 8. 1827
† Grötzingen 16. 10. 1896
Bauer in Grötzingen
∞ 21. 2. 1860
Maria Katharina Rudolph
* 30. 12. 1834 † 29. 5. 1908 (3)
IX
Hedwig
* Grötzingen 16. 9. 1792
†
Marie Margarethe
* Grötzingen 19. 1. 1794
†
Gottlieb
* Grötzingen 10.11.1796 † Grötzingen 13.1.1856
Bauer, 1854 Stadtschultheiß in Grötzingen
∞ 30. 5. 1820 Elisabeth Dorothea Maier
* 9. 12. 1798 † 31. 5. 1857
VIII
Johann Gottlieb
* Grötzing. 11.2.1745 † Grötzing. 28.10.1809
Unterer Müller, Bürgermeister i. Grötzingen
1.∞ 9. 2. 1768 Elisabeth Mühleisen
* 2. 10. 1746 † 22. 5. 1779
2.∞ 16. 11. 1779 Anna Katharina Majer
* 16. 2. 1756 † 21. 1. 1809 (1)
Johann Jakob
* Grötzingen 16.4.1762 † Grötzingen 29.1.1835
Bauer, Bürgermeister in Grötzingen
∞ 9. 1. 1784 Maria Margarethe Rudolph
* 26. 6. 1767 † 5. 6. 1841 (4)
Anna Christina
* Grötzingen 18.4.1745
† (2)
Johann Christoph
* Grötzingen 16. 7. 1747
† (3)
Johann Friedrich
* Grötzingen 25. 10. 1764
†
Bauer in Neckarhausen
∞ 5. 6. 1787
Christine Margarete Bosch
*
† 27. 1. 1841 (5)
VII
Johann Georg
* Grötzingen 17. 7. 1710 † Grötzingen 31. 5. 1767
Müller, Bürgermeister in Grötzingen
1.∞ 1. 11. 1735 Maria Rosina Wenzelburger
* Neckartailfing. 2. 3. 1708 † Grötzingen 21. 12. 1750
2.∞ 1753 Anna Elisabeth Geiger
* Neckarhausen 24. 1. 1703 † Grötzingen 7. 4. 1766
VI
Johann Jakob
* Reutlingen 12.11.1673 † Grötzingen 8. 1. 1725
Müller, Ratsverwandter in Grötzingen
∞ 9. 5. 1702 Maria Agathe Balz
* 24. 6. 1681 † Bodelshausen
V
Das Geschlecht Krumm
Jakob
* Ohmenhausen um 1648 † Reutlingen 19. 6. 1687
Schneider in Reutlingen
1.∞ 20. 1. 1673 Margarethe Hummel
* 17. 8. 1649 † 21. 10. 1682
2.∞ 17. 10. 1683 Barbara Walter
* †
IV
Jakob
* Ohmenhausen um 1615 † Ohmenhausen 7. 2. 1678
Bauer in Ohmenhausen
∞ 6. 1. 1643 Maria Rühle
* 1619 †
III
Sebastian
* Ohmenhausen um 1591 † Ohmenhausen vor 1652
Bauer in Ohmenhausen
∞ um 1614 Barbara
* †
II
Johannes
* Ohmenhausen um 1560 † Ohmenhausen vor 1659
Bauer in Ohmenhausen
∞ um 1590 Maria
* †
I
Generation
1976
Wappenarchiv Dochtermann Stuttgart
Zeichenerklärung: * - geboren, † - gestorben, ∞ - verheiratet, 1.∞ - 2.∞ - 1. Ehe u. 2. Ehe, Friedr.h. - Friedrichshafen, Grötzing. - Grötzingen.

Tante Maries Möbel

Gestern kam ein Speditionswagen an mit Möbeln: ein alter Schreibtisch mit vielen Schubladen, zwei große Kommoden, deren Schubladen mit einem Schlüssel auf der Seite abgeschlossen werden, zwei Sessel mit geschwungenen Beinen, Stühle mit geschwungenen Beinen, ein Schränkchen mit Glasfenstern, Tische und ein paar Ölbilder. Das sind Tante Maries Möbel aus Solln. Tante Marie war Großmutters Schwester; sie starb vor ein paar Monaten im Alter von 88 Jahren. Sie war nicht verheiratet.

Mutter wußte genau, wohin sie die Möbel stellen würde. Sie freute sich, alle die bekannten Sachen wiederzusehen.

„Hat die Tante Marie dir das alles geschenkt?" fragt Dorothee.

„Ja, sie hat es uns in ihrem Testament vermacht."

„Testament?"

„Ja, das ist ein Schriftstück, das Tante Marie geschrieben und unterschrieben hat, in dem steht, wem sie ihre Sachen schenkt, wenn sie einmal tot ist. Du bekommst auch etwas, was dir gehört."

„Ich?" staunt Dorothee.

„Ja, ein kleines Medaillon an einer Kette, ein Bänkchen und ein Tischchen aus Birnenholz. Das hast du von Tante Marie geerbt."

Am Abend, als Dorothee im Bett ist, hat Mama ein in Seidenpapier eingewickeltes Päckchen gebracht.

„Hier, Dorothee, ist das Medaillon." Dorothee sieht ein Lederkästchen. Sie öffnet es, da liegt an einem Goldkettchen das Medaillon.

„Komm, wir machen es auf." Mutter knipst das Medaillon auf. Dorothee ist entzückt. Auf der einen Seite ist unter einem dünnen Glas das Bild von einem jungen Mann, auf der anderen Seite eine mit einem kleinen Bändchen zusammengehaltene blonde Locke.

„Wer ist das, Mama? Was für Haare sind das?"

„Ich weiß es nicht. Vielleicht war es ein Mann, den Tante Marie lieb gehabt hat, und die Locke hat er abgeschnitten und ihr als Andenken geschenkt."

„Lebt der noch, Mutter?"

„Das kann ich mir nicht denken. Vielleicht ist er im Krieg gefallen."

„Und ich habe trotzdem ein Locke von ihm."

„Das Bänkchen und das Tischchen könnten in diese Ecke, Dorothee.

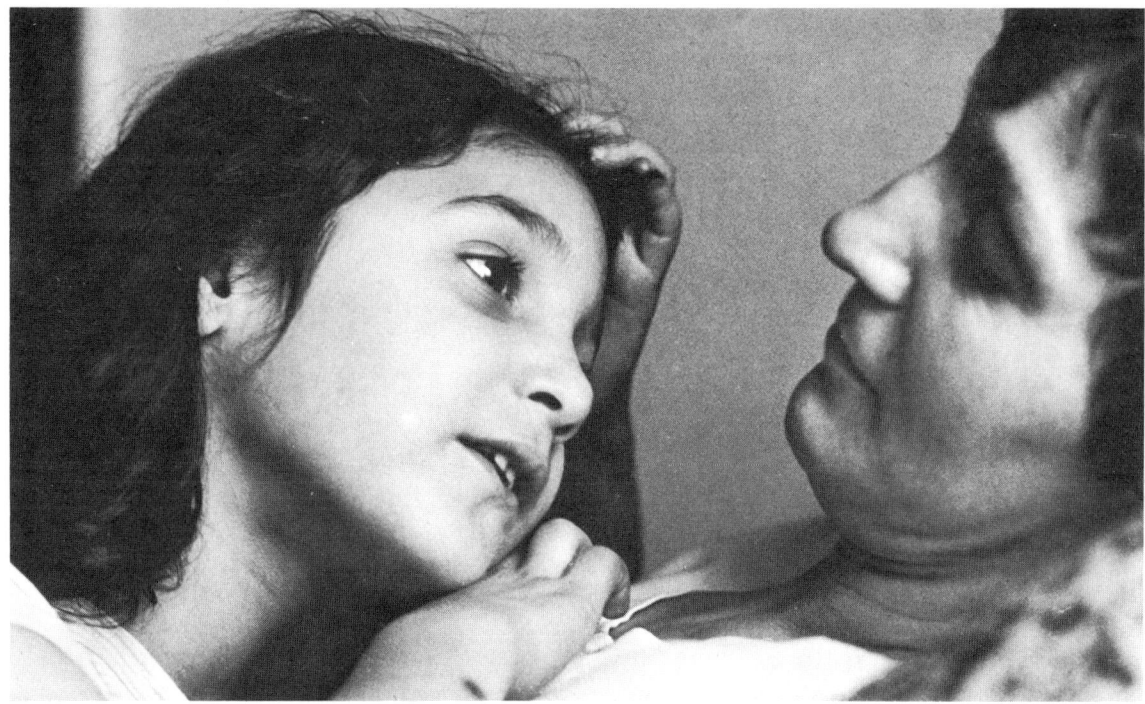

Möchtest du sie dort stehen haben?
Du, das war mein Bänkchen, auf
dem ich beim Urgroßvater sitzen
durfte, um an diesem Tischchen zu
malen. Er hatte es von seiner Mutter
bekommen. Und die hatte es als
kleines Mädchen von ihrem Vater
als Geschenk erhalten, so alt ist
das!"
„Wieviel Jahre? Sag, Mutter."
„Tante Marie ist 1876 geboren. Ihr
Vater, mein Urgroßvater, ist 1846
geboren und seine Mutter war zwanzig, als sie ihn bekam, also ist sie
1826 geboren. Das Tischchen und
Bänkchen sind etwa 150 Jahre alt.
Du muß gut aufpassen, es sind zarte
Möbelstücke. Vielleicht sitzen deine
Kinder auch einmal am Tischchen.

„Mama, da ist eine Schublade, da ist
auch noch etwas drin."
Dorothee kniet am Tischchen; sie
hält einen Umschlag in der Hand:
„Oh, schau, lauter Albumbilder,
Vergißmeinnichtkränze, Engelchen,
Rosen, Landschaften!
Mama, gehörte das Tante Marie?"
„Vielleicht, sie sind schon alt; und
schau, hier ist noch ein altes Model,
um Springerle zu backen.
Nun schlaf schön!"
„Das ist doch lieb von Tante Marie,
daß sie gerade mir das geschenkt
hat. Ich kannte sie doch gar nicht
so gut."
„Nach ihr heißt du auch Marie-
Dorothee. Damit der Name weiter-
gegeben und nicht vergessen wird.

29

Michael und die Küken

Endlich kluckte die dicke, braune Henne. Sie blieb auf ihren Eiern sitzen. Mutter schob ihr zu den sechsen, auf denen sie schon saß, noch sechs andere dazu unter.

„In drei Wochen haben wir Küken, wenn alles gut geht."

Michael wurden diese drei Wochen sehr lange. Eines Morgens, als er wieder zu ihr ging, saß die dicke Braune unbeweglich da, aber unter ihrem Bauch krabbelte es und Michael konnte es nicht fassen, als er einen kleinen Kopf sah mit schwarzen Äuglein und noch einen, noch einen. Mutter war sehr zufrieden: „Hoffentlich sind sie alle ausgeschlüpft und alle gesund", sagte sie.

„Das sind meine Brüder", erklärte Michael. „Ich möchte sie gerne mit ins Bett nehmen."

Aber er wußte, daß die dicke Braune das nicht erlauben würde. Am nächsten Tag liefen zehn Küken herum. Mutter sagte: „Es fehlen zwei."

Michael fand ein Ei.

„Vielleicht ist es nicht befruchtet, dann kann auch kein Küken drin sein", sagte Mutter und nahm es aus dem Nest heraus.

„Mutter, hier liegt ein Küken. Schau doch, was hat es denn?"

Es war plattgedrückt, hatte eine Wunde; sein Auge war mit einer weißen Haut überzogen.

„Das ist tot", stellte Mutter fest. Michael wollte es begraben.

„Hoffentlich haben unsere Küken keine Krankheit"; Mutter schaute besorgt.

‚Sie können doch nicht alle sterben', dachte Michael. Viele Male am Tag ging er hin und beobachtete die Henne und ihre Kinder. Sie lockte sie, machte ihnen das Picken vor und sammelte sie unter ihre Flügel. Nur eines ließ sie herumlaufen.

„Das muß auch krank sein", sagte Mutter. Sie nahm das kleine Tier in die Hand. Es wehrte sich nicht, es bewegte sich nur ein bißchen.

„Wird es auch sterben, Mutter?"

„Ich fürchte, ja." Sie setzte es behutsam zu den anderen.

Auch dieses Küken starb. Die anderen blieben am Leben und entwickelten sich gut. Michael brachte pünktlich das Futter und das Wasser. Er stellte ihnen auch zerdrücktes Eigelb hin und pflegte sie sorgfältig. Wie er sie liebte! Er war überglücklich: „Die leben, Mutter."

Der überfahrene Hund

Stephan weint. Sein Hund ist unter ein Auto gekommen. Sein Hund ist tot. Stephan hat ihn an der Leine gehabt, aber der Hund hat sich losgerissen und ist auf die Fahrbahn gerannt. Stephan wollte nachspringen, aber die Ampel war rot, und ein Mann hat ihn zurückgehalten.

„Filli!"

Stephan ruft noch einmal: „Filli!" aber das Tier bewegt sich nicht. Sein Hinterteil ist plattgedrückt. Das vordere Rad vom Auto hat ihn erwischt. ‚Blut und Fell, Fell und Blut und Dreck', denkt Stephan. ‚Fell und Blut, Blut und Dreck . . .'

„Geh nach Hause", sagt eine Frau, „sei froh, daß es nur ein Hund ist."

„Nur ein Hund? Filli ist mein Hund! Mein Bruder, ach . . . "

„So etwas können Sie doch einem Kind nicht . . . ", murmelt ein alter Herr. „Wo wohnst du denn?" fragt er Stephan.

„Da drüben."

„Hol eine Decke, und wir packen deinen armen Filli hinein. Ich warte hier", sagt der alte Herr.

Stephan rennt, was er kann. Er sieht nicht, daß Leute Filli an den Straßenrand geschleift haben, um die Fahrbahn freizumachen.

32

„Mama, Mama", Stephan kann kaum sprechen, „Filli, ein Auto, der Filli hat sich losgerissen. Dort, da unten auf der Straße."
Mama ist sehr blaß geworden.

„Überfahren? Ist Filli tot?"
„Ich glaube. Er blutet, er bewegt sich nicht mehr. Komm doch! Vielleicht kann er noch gesund werden. Beeil dich, Mama, bitte."

Stephan kommt mit Mama zurück. Sie trägt eine graue Decke. Der alte Herr steht noch da.

„Vielen Dank", sagt Mama. Sie kniet hin und streichelt Fillis Körper. Filli ist wirklich tot. Stephan zittert. Fillis Kopf sieht unversehrt aus; als Stephan ihn hochhebt, sieht er erst die große Wunde. Mama schiebt die Decke unter den leblosen Filli und wickelt ihn vorsichtig ein.

„Du, die Augen", sagt Stephan, „wie sie schauen. Ich will ihn tragen!", schreit er und versucht Filli aufzuheben. „Ich kann nicht. Er ist so schwer", sagt er leise.

„Komm, ich trage ihn."

„Ich kann nichts dafür, Mama, er hat sich einfach losgerissen." Stephan weint herzzerreißend. Plötzlich dreht er sich zu Mama und sagt verzweifelt: „Es ist deine Schuld, die Leine war nicht lang genug."

Mama wartet einen Augenblick und schaut ihn an. „Aber du hast doch die Leine selber gekauft."

Stephan antwortet nicht, er ist ganz durcheinander. „Warum ist mein Hund tot? Warum grad meiner?"

„Ich hatte ihn genauso lieb, Stephan, wie du ihn lieb hattest."

Zu Hause hockt Stephan am Boden. Er weint nicht mehr. Manchmal schluchzt er noch. Er hat Mama um eine Kiste gebeten. Sie hat eine besonders schöne gefunden, die sie eigentlich für das Aufbewahren von Briefen und Bildern verwenden wollte. Aber sie weiß, daß Stephan eine ordentliche Kiste für Filli braucht. „Ich werde sie anmalen", sagt Stephan.

Stephan hat zwei Stunden lang gemalt: Blumen, Verzierungen, Punkte,

ein Hundegesicht in der einen Ecke. Schließlich hat er alles mit schwarzer Farbe überstrichen. Mama hat nichts gesagt. Stephan hat ‚Filli' in weiß darauf geschrieben. Nach zwei Stunden war die Kiste fast trocken. Filli ist schon steif. Stephan streichelt vorsichtig über sein Fell und seine Pfoten. Plötzlich schaudert es ihn und es wird ihm fast übel. Mama versteht ihn.

Filli ist in die Kiste gebettet worden, mit dem Halsband und der Leine. Kolja, Stephans Freund, der dazugekommen ist, sagt: „Behalt doch die Leine und das Halsband für einen neuen Hund."

„Einen neuen Hund?" Stephan macht große Augen. „Nein."

„Man kann Filli nicht einfach ersetzen", meint Mama.

„Es gibt nie wieder so einen Hund wie Filli. Für einen anderen Hund können wir einmal ein neues Halsband kaufen."

Kolja sagt: „Willst du Filli auf dem Hundefriedhof begraben?"

Stephan ist zunächst unsicher.

„Nein", sagt er schließlich, „ich mag das nicht."

Und Stephan hat Filli am Abend im Park unter einem Busch begraben, da sie keinen eigenen Garten haben. Papa und Mama haben ihn begleitet und ihm geholfen. Sie haben die Erde drauf geschüttet und alles festgetreten und glattgemacht, damit niemand Filli findet. Stephan hat sich den Platz genau gemerkt. Zuletzt hat er noch ein kleines Kreuz draufgesteckt. Wie auf einem richtigen Friedhof. Zu Hause hat er Fillis Eßnapf noch einmal ausgewaschen, ihn in Seidenpapier gepackt und mit einer Geburtstagsschnur verschnürt. Das Paket hat er hinten in seinen Kleiderschrank gepackt.

Sie haben mir nichts gesagt

Tommy lag schon eine Weile im Bett und konnte nicht einschlafen. ‚Warum war Mama so komisch zu ihm gewesen?'

„Schlaf gut, komm schlaf, mein Lieber, alles ist in Ordnung — alles ist in Ordnung, nicht wahr?"

‚Warum hatte sie das gefragt?' Er hörte die Eltern im Wohnzimmer zusammen sprechen. Er hörte auch die Stimme von Onkel Paul, Papas Bruder, der in einem Reihenhaus gegenüber wohnte. Plötzlich setzte sich Tommy in seinem Bett auf: er hörte jemanden weinen. Die Tür des Wohnzimmers ging auf, es war wohl Mama, die in die Küche ging. Er hörte Wasser ins Spülbecken laufen. „Mama", rief er erschrocken. Aber sie hörte ihn nicht. Er legte sich wieder hin. ‚War denn Moritz noch nicht zu Hause?'

Tommy liebt diesen Vetter sehr. Moritz ist Lehrling bei Mercedes. Zur Zeit baut er einen kleinen Lastwagen. Er muß alle Teile aus Roheisen selbst anfertigen. Das gehört zu seiner Ausbildung und wird sein Lehrstück. Moritz hat außerdem ein ganz tolles Mofa. Tommy träumt davon. Manchmal darf er es mit Moritz putzen. Heute ist Moritz im Segelkurs und kommt später nach Hause. ‚Ah, da kommt er endlich', denkt Tommy, als er ein Mofa hört. Aber das Mofa hält nicht, es fährt weiter. ‚Aber jetzt kommt er, das ist sein Mofa.' Das Mofa hält. Der Motor wird abgestellt. Jemand läuft auf dem Kiesweg durch den Garten zur Türe und klingelt. Nach einer Weile fährt das Mofa wieder los. Nein, das war nicht Moritz.

Am nächsten Morgen hat Mama rote Augen. „Warum weinst du?" fragt Tommy beim Frühstück. „Ich hab Schnupfen", antwortet sie und schneuzt sich. Aber Tommy hat das Gefühl, daß es nicht stimmt.

„Du, Tommy", sagt Mama, „ich bringe dich heute schon zu Oma Riekchen." Tommy geht immer zu ihr während der Pfingstferien. „Aber Mama, wir haben doch morgen noch Schule."

„Noch einen halben Tag, das ist nicht so schlimm."

„Aber ich geh doch heute zu Susanne zum Geburtstag!"

„Ich weiß, Tommy, aber es paßt uns heute besser. Wir wollen streichen; da hast du es schöner bei Oma Riekchen."

Tommy ist unglücklich. Schweigend

packt er sein rotes Köfferchen. Er nimmt das Memory und sein Vogelbuch mit, Schnüre, das Pfadfindermesser, das er von Moritz bekommen hat, und die Lupe.

Die Ferien waren schön. Tommy hat es gut gehabt. Er war viel im Stall bei den Tieren oder auf dem Feld mit dem Traktor und Tante Anneliese. Als ihn die Eltern abholen, tut es ihm leid fortzugehen. Zu Hause beim Auspacken sagt Tommy plötzlich: „Wo ist denn Moritz; ich geh nachher mal zu ihm rüber."
Mama schaut Vater an, dann sagt sie: „Weißt du, Moritz ist fort."
„Fort? Warum hat er mir denn nichts gesagt?"
Tommy ist enttäuscht. „Wohin ist er gefahren? . . ."
Mama fällt ihm ins Wort: „Weißt du, Tante Marlene ist sehr traurig, daß Moritz fort ist. Komm, iß jetzt Tommy, du mußt groß und stark werden . . ."
‚Groß und stark?' Tommy fühlt sich ungemütlich.
Tommy hat Tante Marlene im Garten gesehen. Er rennt zu ihr, und sie nimmt ihn in die Arme. ‚Warum weint sie denn?' denkt Tommy.
„Wo ist Moritz, Tante Marlene?"
„Weit weg, Tommy."
Mehr sagt sie nicht. Tommy traut sich nicht, weiterzufragen. ‚Was haben sie denn alle?'

„Ich geh' wieder rüber."
Stattdessen geht er heimlich in den Schuppen. Da steht das Mofa von Moritz. Das Vorderrad ist ganz zusammengedrückt und die Lenkstange ist nach oben gebogen. ‚Wer hat denn das gemacht?' Tommy erzählt nichts von seiner Entdeckung. Er geht auf die Straße.
„Ah! der Tommy, da ist er ja wieder! Machst du mit? Wir verstecken uns!"
Susanne und Tommy verstecken sich zusammen hinter Brettern bei einem Neubau. „Wo warst du denn so lange?"
„Ich war bei Oma Riekchen."
„Warum bist du denn nicht bei der Beerdigung gewesen?"
„Wer ist denn gestorben?" fragt Tommy und weiß mit einem Mal, was Susanne antworten wird.
Susanne schaut ihn so merkwürdig an: „Weißt du wirklich nicht, daß der Moritz gestorben ist? Der ist doch überfahren worden."
Das Mofa, das Lenkrad! Tommy sieht so erschrocken aus, daß Susanne ganz verlegen wird. „Du, sei nicht so, es ist doch gut. Komm, Tommy, was hast du denn? . . ."
Beim Abendbrot will Tommy nichts essen. „Laß mich in Ruhe", fährt er Mama an. Sie ist empört: „Du paß auf, wie du mit mir sprichst."
„Ich glaub' dir nie mehr was", schreit Tommy, „nie mehr, nie mehr, auch dem Vater nicht."

37

Tommy steht auf und geht in sein Zimmer. Er holt Moritz' Pfadfindermesser heraus und setzt sich auf sein Bett. ‚Moritz ist tot, Moritz wurde totgefahren.' Tommy hat Angst, er friert. Mama kommt ins Zimmer: „Hör zu . . ."

„Wo ist er jetzt?" sagt Tommy streng. „Sag, wo ist Moritz jetzt?"
Mama zögert: „Auf dem Friedhof." Diese Antwort will Tommy nicht hören.

„Moritz ist verunglückt, wir wollten dich nicht zu traurig machen und wollten die Beerdigung vorbeigehen lassen . . ."
„Ich will aber traurig sein", schreit Tommy. Mama weint, aber Tommy beachtet sie nicht.

Er ist zum Schuppen gelaufen, wo das Mofa steht. Der Schlüssel liegt auf dem Balken. Da steht es. Tommy hat sich auf den Boden gesetzt und hat seinen Kopf an das kaputte Rad gelehnt: „Sie haben mich fortgeschickt, sie haben mir nichts gesagt, sie haben mir nichts gesagt. Sie haben mir . . ." und Tommy weint.

In die Ferien

Eine Familie fährt am ersten Ferientag mit ihren drei Kindern in den Bayerischen Wald. Der Vater ist guter Laune, die Autobahn ist leerer, als er gedacht hatte. Er kommt gut vorwärts, die Straße ist trocken, die Sonne scheint. Plötzlich stehen Polizisten an der Autobahn, die winken und zeigen, daß das Tempo verlangsamt werden muß.

„Sicher wieder eine Baustelle. Ach, diese Baustellen im Sommer! — Nein, das ist keine Baustelle, da ist etwas passiert."
Der Vater muß hinter einer langen Schlange Autos, Lastwagen und Motorrädern anhalten. Von weitem sieht man das kreisende Blaulicht eines Polizeiwagens. Ein Polizist regelt den Verkehr. Die Wagen fahren im Schritt-Tempo. Sie kommen an einem umgekippten, sehr zerbeulten Auto vorüber. Ein Lastwagen steht auf dem Mittelstreifen.
„Mutter, was liegt da auf der Wiese unter den Decken?"
Mutter schaut. Es schaudert sie.
„Menschen, ach, wahrscheinlich Verletzte."
Ein Krankenwagen steht auf der entgegengesetzten Fahrbahn, das Blaulicht zuckt unaufhörlich auf.

„Weiterfahren — Weiterfahren!"
„Mutter, sind die tot?"
„Ich weiß es nicht. Ach, das ist so schrecklich."
Die Wagenkolonne setzt sich wieder in Bewegung. Die Familie ist bedrückt. Der Vater fährt langsamer als gewöhnlich. Die Kinder schweigen.

Am nächsten Tag liest der Vater in der Zeitung, daß eine vierköpfige Familie, die in die Ferien fuhr, auf der Autobahn bei Nürnberg beim Überholen den Tod gefunden hat.

Hat Großmutter gewußt, daß sie sterben muß?

Als Großmutter zu Mutter und Konrad zog, war sie schon sehr krank. Die erste Woche schien sie ganz verloren. Sie schwieg tagelang, zog sich immer in ihr Zimmer zurück, räumte ihre Sachen auf, saß am Fenster und flickte an einer großen Decke. An einem Morgen, als Mutter bei der Arbeit war, machte sie sich ans Silberbesteck und fing an, es zu putzen. Mutter hatte aber gar kein Verständnis für diesen Versuch, sich nützlich zu machen.

„Du brauchst das doch nicht zu machen", sagte sie zu der alten Frau, die ganz unglücklich aussah.

„Aber die Löffel sind doch schon

fertig", antwortete sie leise. Mutter hatte ihr einen Kaffee gemacht und sie aufs Sofa gesetzt. Großmutter hatte von da an kein Silber mehr geputzt.

„Ich fühle mich einsam", sagte sie zu ihrem zehnjährigen Enkel Konrad. „Ich habe keinen richtigen Kontakt mehr, zu niemandem."

„Stimmt doch nicht", antwortete Konrad verletzt, denn er hatte sie sehr gerne.

„Weißt du, daß ich Krebs habe?" hatte sie einmal geheimnisvoll gefragt.

Konrad hatte ratlos geschwiegen. Natürlich wußte er es. Später meinte Großmutter, der Arzt hätte sich geirrt, sie fühle sich ganz gut. Sie verlangte, zu einem Arzt geführt zu werden, den sie von früher kannte. Der wisse über sie Bescheid.

Aber am nächsten Tag wollte sie nicht mehr zu ihm gehen. Sie nahm ihre Medikamente und wollte im Bett bleiben. Sie bat um den Besuch des Pfarrers und wollte mit der Mutter alleine sprechen, denn sie dachte plötzlich beunruhigt, daß sie kein Geld mehr hätte. In den folgenden Tagen vergaß Großmutter alles wieder, sie weinte viel und wollte getröstet werden.

„Vielleicht packe ich es noch einmal", sagte sie. „Ich mach euch so viel Mühe. Wenn ich nochmal gesund werde, schenke ich euch eine Waschmaschine und dem Schwesternheim zu Hause Geld für ein neues Harmonium."

Einige Wochen später schien Großmutter ihren Frieden mit sich und den Menschen gemacht zu haben. Sie gab Mutter Geld für eine neue Mappe zu Konrads Geburtstag und fragte auch mehrere Male, ob Mutter sie besorgt hätte. Sie war geduldig, aß fast nichts und beklagte sich auch nicht mehr. Eines Abends sah sie ruhig und fast glücklich aus.

„Mama, glaubst du, daß Großmama stirbt, weil ich manchmal böse zu ihr war?" fragte Konrad die Mutter einmal in dieser Zeit.

„Nein, das glaube ich nicht. Es tut einem nur leid, daß man böse war und man hat etwas Angst."

„Mama, hast du auch Angst?"

„Angst nicht, aber es fällt mir auch vieles ein, was ich Großmama noch gerne getan hätte."

„Bist du sicher, daß der Arzt ihr die richtige Medizin gegeben hat?"

„Ja, er ist nicht schuld an ihrem Zustand."

„Aber einer ist doch schuld?"

„Nein. Der Tod gehört zu jedem Leben."

Eines Abends sagte Großmutter: „Ich warte jetzt auf den Tod. Ich freue mich, ich werde Großvater wiedersehen und Richard. Das ist mein Bruder, der gefallen ist. Ich werde sie sehen. Ich möchte nur nicht leiden. Helft mir, wenn ich zu sehr leide. Ich gehe jetzt langsam fort. Ich geh hinüber."

Dann hatte Großmutter nicht mehr gesprochen. Sie hatte die Augen geschlossen, ihr Geist war bereits weit weg. Und doch brauchte Großmutter Mutter während des Sterbens.

Sie öffnete die Augen und schaute Mutter unverwandt an, hielt ihre Hand und drückte sie ganz leicht. Plötzlich drehte sie sich etwas weg von Mutter. Sie schien etwas zu erblicken, das sie sehr erstaunte. Dann fiel sie zurück in die Kissen und ihre Hand lag leblos in Mutters Hand.

„Sie ist tot!" sagte Mutter zu Konrad. Konrad und seine Mutter saßen eine Weile schweigend. Dann sagte Konrad: „Du Mutter, als ich klein war, hat mich Großmutter abends im Sommer auf den Schoß genommen, und ich habe mich an sie gedrückt, und dann haben wir die Schwalben am Himmel gezählt."

Mutter weinte jetzt: „Das ist eine tröstliche Erinnerung. Wir brauchen Trost. Das ist besser, als sich in Gedanken zu quälen. Man muß lernen, die Toten in Frieden ruhen zu lassen. Dann kann man viel besser an sie denken."

41

Sitten und Gebräuche

Karoline und ihre Klasse waren gestern im Museum, um eine Mumie anzusehen. Der Besuch war ein großer Erfolg. Die Kinder wollten noch lange mit ihrer Lehrerin über Sitten und Gebräuche beim Tod sprechen.

Karoline brachte eine Todesanzeige in die Schule mit: „Da steh ich auch drauf." Sie hält einen weißen Bogen mit einem schwarzen Rand in der Hand.

„Zeig, wo?"

Auf dem Bogen steht:

Thomas Edinger

Für uns unerwartet und unfaßbar hat Gott unseren geliebten Sohn, Bruder und Neffen im blühenden Alter von 25 Jahren zu sich genommen.

In tiefer Trauer
Felix Edinger
Marianne Edinger, geb. Haller
Peter Edinger
Anselm Trautner
und Monika Trautner, geb. Edinger
Karoline und Theodor Trautner

Die Einäscherung findet am Mittwoch, dem 6. November um 15.00 Uhr im Krematorium St. Gallus statt.

„Das ist mein Vetter, er hatte einen Autounfall", sagte Karoline.

„Was heißt ‚blühendes Alter'?"

„Schönes, junges Alter, zwanzig Jahre, nicht achtzig."

„Karolines Vetter war wie ein schöner, junger Baum", antwortete die Lehrerin.

Karoline erzählt weiter: „Meine Tante hat viel geweint, ich auch. Sie hat uns die Eisenbahn von Thomas geschenkt. Ich hab mich sehr gefreut."

„Aber dein Vetter ist doch tot!"

„Ach ja, vergesse ich manchmal."

„Und was heißt ‚Einäscherung'?"

„Wenn man sich verbrennen läßt, anstatt sich im Sarg in der Erde begraben zu lassen", erklärt die Lehrerin.

„Was? Nein!"

„Doch, meine Eltern wollen sich auch verbrennen lassen", sagt ein Junge. „Wir wohnen hinter dem Krematorium, da verbrennt man die Toten. Mein Onkel ist dort angestellt. Der hat es mir erzählt."

„Verbrennt man sie einfach so, mit ihren Kleidern? Das ist ja schrecklich!"

"Ich war schon einmal bei einer Feuerbestattung", sagt Monika. „Es war wie in der Kirche und der Sarg stand vorne, mit Blumen und links und rechts große Kerzen. Die Orgel hat gespielt und der Pfarrer hat aus der Bibel gelesen. Als er fertig war, hat man ein Geräusch gehört, wie wenn ein Aufzug fährt, der Sarg hat gezittert, und dann ist er in der Tiefe versunken. Ein Schiebedach hat die Öffnung geschlossen."

43

„Und die Blumen, brennen die auch mit?"

„Nein, die werden abgenommen und in einen Saal getragen, wo die Urnen mit der Asche stehen, bis sie im Friedhof in ein Grab kommen oder aufgestellt werden."

„Und wenn der Tote noch lebendig ist?" fragt ein Kind.

„Bei uns kam der Arzt und untersuchte Großmama und sagte dann, daß sie tot ist", sagt Sebastian.

„Ja", sagt die Lehrerin, „das stimmt! Es gibt noch einmal zuletzt einen Arzt, der die Einäscherung des Toten erlaubt, nachdem auch er ihn untersucht hat."

„Es gibt aber so Geschichten . . ."

„Ja, es gibt Schauergeschichten und jeder Mensch hat diese Angst. Aber sei beruhigt, man sorgt dafür, daß Menschen nicht lebendig begraben werden."

„Mein Papa hat gesagt, dieses ganze Feuerzeug will er nicht, er meint, ein Mensch gehört zurück in die Erde."

„Und was ist dann mit dem verbrannten Toten?"

„Die Asche kommt in eine Urne."

„Aber da ist doch Sargasche dabei?"

„Nein, die wird abgesaugt", sagt Monika.

„Was ist eine Urne?"

„Ein Behälter, der wie eine Vase aussieht, vielleicht auch so groß."

„So klein! Wie paßt denn ein Mensch da hinein?"

„Es ist nur für die Asche der Gebeine", erklärt die Lehrerin.

„Gebeine, das sind die menschlichen Knochen. Und diese Urne kommt auf den Friedhof in die Erde, genauso wie ein Sarg."

„Ich möchte lieber nicht verbrannt werden, ich habe Angst, daß ich doch noch etwas spüre. Und außerdem möchte ich in den Himmel."

„Da kommt doch nur die Seele hin."

„Weiß ich nicht! Ich will ganz bleiben."

„Wie ist es denn wirklich?" fragt Sebastian die Lehrerin.

„Ich weiß es auch nicht genau. Die Asche ruht in der Erde und das, was du bist, wird frei und geht in die Ewigkeit."

„Und was ist die Ewigkeit?"

„Auf der Erde hört alles mal auf, aber in der Ewigkeit gibt es keine Zeit mehr."

„Warum hat man eigentlich solche Todesanzeigen?" fragt eines der Kinder.

„Die Anzeigen schickt man an Freunde und Bekannte der Familie, damit sie erfahren, daß jemand gestorben ist", antwortet die Lehrerin, „so wie bei Thomas Edinger."

„Und was tun sie dann?"

„Sie schreiben der Familie, wie traurig sie sind, wie gerne sie den Verstorbenen hatten oder sie schicken nur eine vorgedruckte Karte, auf der ,Herzliche Teilnahme'

„Bei meinem Großvater", erzählt ein anderes Kind, „sind wir mit allen ins Gasthaus zum ‚Leichenschmaus' gegangen. Wir haben gegessen und getrunken und viel erzählt."

„Warum tragen die Leute eigentlich schwarze Kleider?" fragt Erika.
„Weil es bei uns so Sitte ist. In Asien tragen die Leute manchmal weiß, sie freuen sich, daß der Tod die Seele vom Leib befreit hat."
„Meine Großmutter hatte bei der Beerdigung einen Hut mit einem schwarzen Schleier, der ihr vor das Gesicht fiel", sagt Sebastian.
„Auf dem Land, wie am Bodensee zum Beispiel, gibt es manchmal noch eine Gruppe von Frauen, die bei jeder Beerdigung dabei sind und laut weinen. Das sind Klageweiber, genauso wie es sie im Alten Testament bei den Juden gab. Früher hat man überhaupt viel mehr geweint . . . !"
Sebastian unterbricht die Lehrerin:
„Auch Männer?"
„Ja, auch Männer."
„Das ist ja blöd!"
„Nein, weinen ist gut. Dann wird man getröstet", sagt Petra ganz zuversichtlich
„Bei meiner Tante hat der Schülerchor gesungen, weil sie Lehrerin war. Aber Blasmusik habe ich noch lieber, da weinen alle Leute, weil es so schön ist."

steht. Oder sie kommen zur Beerdigung und bringen Blumen. Manche schicken auch einen Kranz."
„Nach dem Begräbnis meines Onkels", sagt Sebastian, „sind ein paar Leute dageblieben. Sie sind mit uns nach Hause gegangen und haben mit uns gegessen. Es gab einen Kuchen, der heißt ‚Beerdigungskuchen', so sagt meine Großmutter aus Westfalen. Das ist ein ganz süßer Kuchen."

45

Der Dachs

46

Bei Tante Laura steht ein ausgestopfter Bär. „Den hat mein Vetter vor dem ersten Weltkrieg geschossen und ihn ausstopfen lassen", sagt sie. Er sieht ganz echt aus. In seinem Maul, das er etwas offen hält, blinkt ein gesundes Gebiß. In der rechten Hand hält er eine silberne Schale. „Kann man die nicht wegnehmen?" fragt Paul, „die paßt nicht zu ihm." Aber die Schale ist mit einer Schraube an der Tatze festgemacht. Paul sieht sich um. In der Vitrine lehnt ein ausgestopfter Gazellenkopf. „Die hat auch der Vetter geschossen. Der Vetter war ein großer Jäger. Oben auf dem Boden ist ein ausgestopfter Dachs. Den mochte ich nie. Einmal haben sie ihn mir zum Spaß ins Bett gelegt. Ich bin ganz schön erschrocken."

Paul ist auf den Speicher gegangen. In einer Schachtel mit Zeitungspapier und Mottenpulver liegt der Dachs. Paul ist mit seinem Finger über die harte Schnauze gefahren und über seine Augen aus Glas. ‚Ich kann ausgestopfte Tiere nicht leiden. Ich will nie, nie ein Tier ausstopfen lassen‘, denkt er. Er geht wieder herunter zu den anderen.

„Na, hast du ihn gefunden, Paul?"

„Ja".

„Bist du erschrocken? Weißt du, aus den Dachshaaren macht man Rasierpinsel. Ich benütze immer einen, um die Schnörkel an den alten Stühlen abzustauben", und Tante Laura lacht.

Paul nickt nur. Er kennt diesen Pinsel, der draußen im Flur an einem Lederriemchen hängt. Er kann ihn nicht leiden. Gegen Abend hat Paul den Pinsel heimlich an sich genommen und ist leise auf den Speicher gegangen. Dort hat er die Dachsschachtel aufgemacht und den Pinsel aus Dachshaaren hineingelegt.

„Da hast du sie wieder!"

47

Gespräch mit der sehr alten Tante Emmy

„Hast du manchmal Angst vor dem Sterben, Tante Emmy?"

„Ich habe Angst, alleine zu sterben und etwas Angst, zu sehr zu leiden. Ich möchte gerne, daß jemand mir die Hand hält, wie du jetzt, bis ich auf die andere Seite gekommen bin. Man soll mich hier sterben lassen, ich bin schon so alt. Ich möchte nicht weggebracht werden, ich möchte nicht ins Krankenhaus, damit mein Leben verlängert wird. Verstehst du das? Ich bin am Ende eines langen, schweren und schönen Lebens. Wenn ich sterben muß, will ich es ohne Apparate tun. Ich bin alt und habe gelebt. Man soll mich einschlafen lassen, hoffentlich ohne Kampf. Helft mir, bleibt bei mir und habt mich lieb. Ich will spüren, daß ihr bei mir seid."

„Gehst du danach zu Gott?"

„Ich glaube ja."

„Sofort oder etwas später?"

„Ich weiß es nicht. Sicher braucht es Zeit, um von hier fortzugehen. Aber ich glaube an ein Leben nach diesem Leben. Ich werde bei Gott aufgehoben sein. Ich gehe nicht verloren."

„Glauben das alle Menschen?"

„Nein."

„Und was glauben die dann?"

„Es gibt viele Glauben. In Indien glaubt man, daß die Seele immer wieder in einem neuen Menschen auf die Erde kommt, um ein besserer Mensch zu werden."

„Und wenn er nicht besser wird?"

„Dann muß er es wieder versuchen, immer wieder versuchen. — Die Mohammedaner glauben auch an ein Leben nach dem Tod bei Gott. Viele Menschen wissen nicht, an was sie glauben sollen, für sie ist das Leben mit dem Tod zu Ende. Sie meinen, daß sie vielleicht noch in der Erinnerung der Menschen leben,

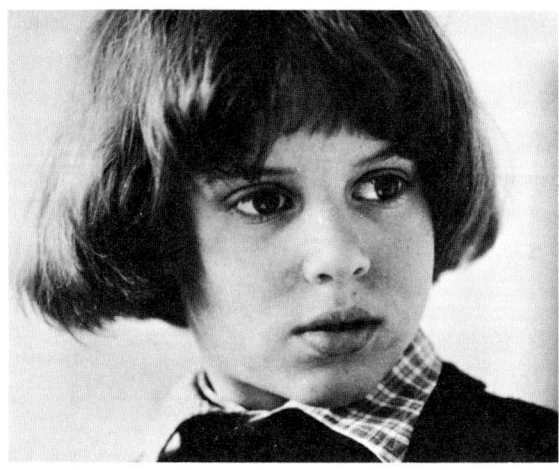

die sie kannten, danach aber gibt es nichts. Die Zeit hört auf."

„Ist das falsch?"

„Das finden sie für sich richtig, wie das, was ich glaube, für mich richtig ist." „Und für mich?"

„Du wirst finden, was für dich das Richtige ist."

„Hast du dir das ausgedacht?"

„Nein, Christus, der Sohn Gottes hat es damals den Menschen gesagt. Gott hat niemand gesehen; Christus aber haben die Menschen gesehen, angerührt, umarmt, sie haben mit ihm gegessen und gefeiert." Wie merkst du, daß es Gott gibt?"

„An Dingen, die in meinem Leben geschehen sind und immer noch geschehen, am ‚Aufscheinen Gottes'*."

„Wo siehst du das, Tante Emmy?"

„Schau dich um: die Sonne, die Nacht, die Blumen, der Regen, die Tiere, Kinder, Menschen überhaupt,

* F. Betz „Erfahrungen vorbereiten", Pfeiffer Vlg. 76

Berge, Meer, Wasser, Wind, Bäume, Winter, Sommer, Mond und Schnee. Daß du mit mir sprichst, daß ich manchmal getröstet werde, daß Hilfe kommt, wenn ich es gar nicht erwartete, das Wachsen, das Sterben . . ."

„Aber Tante Emmy, es geht doch immer alles kaputt, die Blumen, der Mensch, die Tiere, die Bäume und das Leben überall."

„Aber die Sonne geht jeden Tag wieder auf."

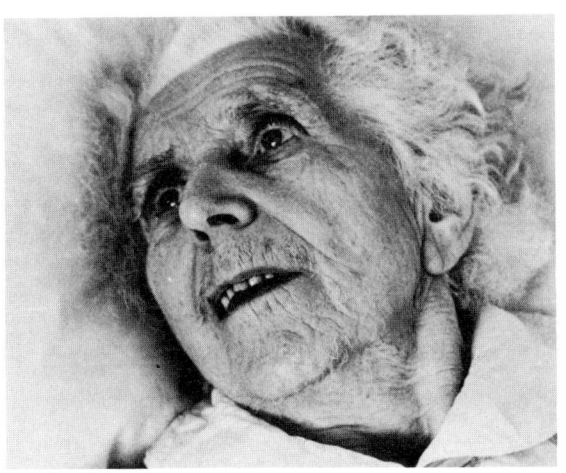

„Aber der Regen kann doch alles kaputt machen . . ."

„Oder ganz neu. Denk, wie schön es nach einem erschreckenden Gewitter ist. Wie die Dächer glänzen, wie die Bäume leuchten, wie die Straßen ohne Staub sind. Fändest du es gut, wenn die Blumen immer weiterblühten und nicht verwelkten? Du würdest nie mehr einen neuen Strauß pflücken. Aber wenn er verwelkt, denkst du an einen neuen Strauß, der ganz anders aussehen wird. Die Welt ist immer in Bewegung. Gott sei Dank. Es geht alles weiter, von der Geburt an. Ich war einmal so jung wie du, dann erwachsen, dann älter, alt und jetzt uralt. Jedes Ding, jedes Lebewesen hat seine Zeit.
Komm, lies mir jetzt das Märchen vom Gänsehirt, dann verstehst du besser, was deine alte Tante Emmy meint."

49

Der Tod und der Gänsehirt

Einmal kam der Tod über den Fluß, wo die Welt beginnt. Dort lebte ein armer Hirt, der eine Herde weißer Gänse hütete.

„Du weißt wer ich bin, Kamerad?" fragte der Tod.

„Ich weiß, du bist der Tod. Ich habe dich auf der anderen Seite hinter dem Fluß oft gesehen."

„Du weißt, daß ich hier bin, um dich zu holen und dich mitzunehmen auf die andere Seite des Flusses."

„Ich weiß. Aber das wird noch lange sein."

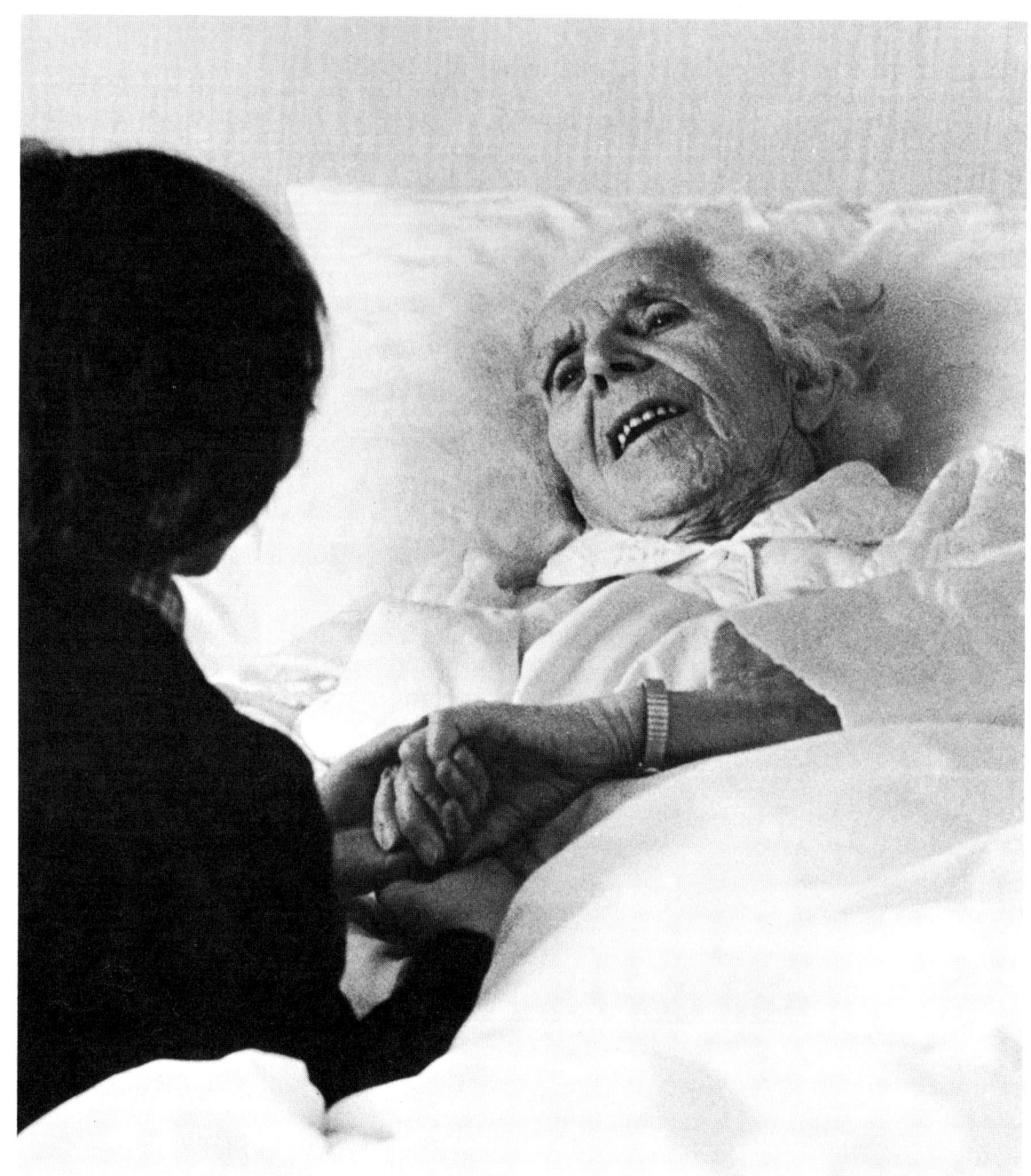

50

„Oder wird nicht lange sein. Sag, fürchtest du dich nicht?"
„Nein", sagte der Hirt. „Ich habe immer über den Fluß geschaut, seit ich hier bin, ich weiß, wie es dort ist."

„Gibt es nichts, was du mitnehmen möchtest?"

„Nichts, denn ich habe nichts."

„Nichts, worauf du hier noch wartest?"

„Nichts, denn ich warte auf nichts."

„Dann werde ich jetzt weitergehen und dich auf dem Rückweg holen. Brauchst du noch etwas, wünschst du dir noch was?"

„Brauche nichts, hab' alles", sagte der Hirt. „Ich habe eine Hose und ein Hemd und ein Paar Winterschuhe und eine Mütze. Ich kann Flöte spielen, das macht mich lustig. Meine Gänse verstehen nicht viel von Musik."

Als dann der Tod nach langer Zeit wiederkam, gingen viele hinter ihm her, die er mitgebracht hatte, um sie über den Fluß zu führen. Da war ein Reicher dabei, ein Geizhals, der Zeit seines Lebens wertvolles und wertloses Zeug an sich gerafft hatte: Klamotten, auch Gold und Aktien und fünf Häuser mit etlichen Etagen. Der Mann jammerte und zeterte: „Noch fünf Jahre, nur noch fünf Jahre hätte ich gebraucht, und ich hätte noch fünf Häuser mehr gehabt. So ein Unglück, so ein Unglück verfluchtes!"

Das war schlimm für ihn.

Ein Rennfahrer war unter ihnen, der Zeit seines Lebens trainiert hatte, um den großen Preis zu gewinnen. Fünf Minuten hätte er noch gebraucht bis zum Sieg. Da erwischte ihn der Tod. Ein Berühmter war dabei, dem ein Orden gefehlt hatte, nur ein einziger Orden, für den er Jahre aufgewendet hatte, da holte ihn der Bruder Tod. Das war schlimm für ihn.

Dann war da ein junger Mensch, der hatte an seiner Braut gehangen, denn sie waren ein Liebespaar gewesen, und keiner konnte ohne den anderen leben. Ein schönes Fräulein war dabei mit langen Haaren. Und viele Reiche, die jetzt nichts mehr besaßen, und noch mehr Arme, die jetzt auch nicht das besaßen, was sie gerne hätten haben wollen. Ein alter Mann war freiwillig mitgegangen. Aber auch er war nicht froh, denn siebzig Jahre waren vergangen, ohne daß er das bekommen hatte, was er hatte haben wollen.

Schlimm für sie alle.

Als sie an den Fluß kamen, wo die Welt aufhört, saß dort der Hirt. Und als der Tod ihm die Hand auf die Schulter legte, stand er auf, ging mit über den Fluß, als wäre nichts, und die andere Seite hinter dem Fluß war ihm nicht fremd. Er hatte Zeit genug gehabt, hinüberzuschauen, er kannte sich hier aus, und die Töne waren noch da, die er immer auf der Flöte gespielt hatte; er war sehr fröhlich. Das war schön für ihn.

Was mit den Gänsen geschah?

Ein neuer Hirt kam.

51

Yvonnes Mama ist gestorben

Yvonne kommt am Montag wieder in die Schule. Ihre Mutter ist vor einer Woche gestorben. Frau Seidel hatte es den Kindern ihrer Klasse erzählt. „Sie sieht gar nicht anders aus als sonst", sagt Erika leise zu Tom, als Yvonne hereinkommt. Yvonne redet mit allen. In der Pause ist sie sehr laut und streitet sich mit Evelyn. Da sagt Evelyn: „Kannst du denn nicht netter sein, deine Mama ist doch gestorben." Zuerst bleibt Yvonne ganz stumm und dann schreit sie: „Nein, das ist nicht wahr, sie ist zu Hause, du bist gemein, du machst alles kaputt!" Und dann hockt sich Yvonne auf den Boden. Sie weint und schluchzt. Die Kinder stehen um sie herum und sind erschrocken. Frau Seidel nimmt Yvonne in die Arme.

„Komm, steh auf, wir gehen alle zusammen ins Klassenzimmer. Wir wollen mit Yvonne sprechen." Yvonne will ganz nah neben Frau Seidel sitzen. Evelyn hält ihre Hand. „Die Mutter von Yvonne ist am letzten Montag gestorben. Sie war sehr krank."

„Sie hatte Krebs", sagt Yvonne. „Krebs im Bauch und immer hatte sie Weh. Sie war im Krankenhaus.

Ich hab nicht gedacht, daß sie stirbt. Sie hat immer mit mir geredet, wenn ich sie mit Boris besucht habe. Vorgelesen hat sie mir auch jedesmal, aber nicht lange."

„Yvonnes Mama ist am Freitag begraben worden. Sie ist auf den Friedhof gekommen, wo die Toten ruhen. Es ist sehr schwer für Yvonne zu verstehen, daß ihre Mama, die sie lieb hat, nicht mehr bei ihr ist."

„Ich meine immer, sie ist noch da", sagt Yvonne.

„Yvonnes Vater ist da und sorgt für sie."

„Und Tante Elisabeth", sagt Yvonne.

„Aber Mama ist nicht da. Vielleicht ist sie doch wieder da?"

„Komm Yvonne, wir wollen unser Vesperbrot essen."

„Ich hab' keinen Hunger."

„Ich schenk' dir meinen Erdbeerjoghurt," sagt Martha.

Yvonne löffelt langsam den Joghurt. Die Hälfte läßt sie stehen: „Ich kann wirklich nicht mehr!"

Nach dem Gespräch arbeiten die anderen Kinder zusammen. Yvonne bleibt noch bei Frau Seidel sitzen.

„Abends ist es immer traurig. Ich sage ‚Mama komm', aber sie kommt nicht. Manchmal habe ich vergessen, wie sie aussieht. Mama war so lange im Krankenhaus und am Schluß war sie in dem Zimmer, wo Ärzte ihr besonders helfen sollten. Aber gar nichts hat geholfen. Ich wollte immer zu ihr, aber ich durfte nicht." Da fängt Yvonne wieder an zu weinen.

„Wenn man einen Menschen so lieb hat, wie du deine Mutter, möchte man es ihm zeigen und sagen. Und das kann man nicht mehr, deshalb ist man so traurig." Yvonne hat Frau Seidel lieb. Sie ist nicht getröstet, aber ruhiger.

Wochen vergehen. Während einer Deutschstunde hat Frau Seidel vom Träumen gesprochen. Alle Kinder wollten ihre Träume erzählen. Es gab sehr komische dabei. Da hat Yvonne plötzlich gesagt: „Ich träume manchmal von meiner Mama. Ich sehe sie an einem Haus stehen, und dann renne und renne ich und der Weg ist immer länger und das Haus immer kleiner, und wenn ich ankomme, ist die Mama weg. Einmal habe ich auch geträumt, daß Mama mich badet und viel Schaum macht und wir lachen, das war schön."

Yvonne begreift jetzt langsam, daß ihre Mama wirklich gestorben ist und nicht wiederkommt.

Ein Waisenkind

Leisers haben beschlossen, zu ihren zwei Söhnen noch ein Waisenkind aus Vietnam anzunehmen.

Daniel hat sich gefreut. David hat gefragt: „Hat es keine Eltern mehr, Vater?"

„Nein. Es ist ein kleines Mädchen, das von einem Waisenhaus aufgenommen wurde, als es vielleicht zweieinhalb Jahre alt war. Man weiß sein Alter nicht genau; man vermutet es. Der Vater ist im Krieg als Soldat gefallen. Die Mutter lebte mit dem Kind bei der Großmutter auf dem Lande. Als sie auf dem Feld arbeitete, hatte sie ihr kleines Mädchen in den Schatten gelegt, wo es schlief. Es war Krieg; jeden Tag gegen Mittag kamen die feindlichen Flieger und warfen Bomben ab. Die Menschen versteckten sich und warteten ab. An diesem Tag waren die Flieger schon dagewesen. Plötzlich erschien ein Flugzeug, die Mutter schaute in den Himmel, da hörte sie eine Explosion. Sie rannte zu dem Kind. Aber sie kam nicht mehr zu ihm, sie wurde von einem Bombensplitter getroffen. Die Großmutter starb auch bei dem Angriff, nur das Kind blieb unverletzt. Nachbarn nahmen es zunächst auf. Dann aber flohen sie vor dem Krieg und gaben das Kind ins Waisenhaus.

Dieses Kind hat keine Familie mehr, deshalb wollen wir seine Eltern und ihr sollt seine Brüder sein. Es wird nicht leicht, nicht für sie und nicht für uns. Wir wollen ihr helfen zu leben, nachdem sie den Tod so bitter erfahren hat."

Ein kleines Mädchen von etwa vier Jahren ist zu Leisers gekommen, klein, sehr zierlich und stumm. Es lächelt zuweilen. Es ist zutraulich. Abends hat es seine Kleider ganz sorgfältig zusammengefaltet und auf den Stuhl bei ihrem Bett gelegt. Dann hat es gewartet. Vielleicht hatte es das im Waisenhaus so gelernt. Es hat sich willig baden lassen. Erst als es in seinem Bett lag, hat seine neue Familie sie vietnamesische Worte sprechen hören, Worte in der Sprache seiner toten Eltern.

Susi

Am Morgen im Kindergarten sitzen alle Kinder am Boden im Kreis.
„Wer fehlt heute?" fragt Inge, die Kindergärtnerin. Mark fehlt bei den Jungen und bei den Mädchen fehlen, bei den Mädchen — ach ja — Susi und Jennifer.
„Mark hat Windpocken, er kommt aber bald wieder", sagt Peter.
Als Susi länger fehlt, fragt ein Kind: „Was hat denn die Susi? Wann kommt sie denn wieder?"
Niemand antwortet. Die Kinder schauen plötzlich auf Inge. Sie fühlen, daß etwas Ungewöhnliches in der Luft liegt.
„Sie wird nicht wiederkommen", antwortet sie.

„Warum?"
„Weil sie gestorben ist."
„Kommt sie wieder?" fragt Manuela.
„Nein, sie kommt nicht wieder."
„Ist sie tot?" „Ja, sie ist tot."
„Ist ihre Mama traurig?"
„Ja, ihre Mama und ihr Papa sind sehr traurig. Ich bin auch sehr traurig", antwortet Inge.
„Weinen die Eltern von Susi den ganzen Tag?"
„Sie weinen sicher", meint Inge.
„Ich weine nicht", sagt Anna, „ich bin ja nicht tot."
„Einmal war ich krank, aber ich bin wieder gesund", sagt Peter. „Mein Papa war auch krank, aber nicht schlimm. Wenn man krank ist, muß

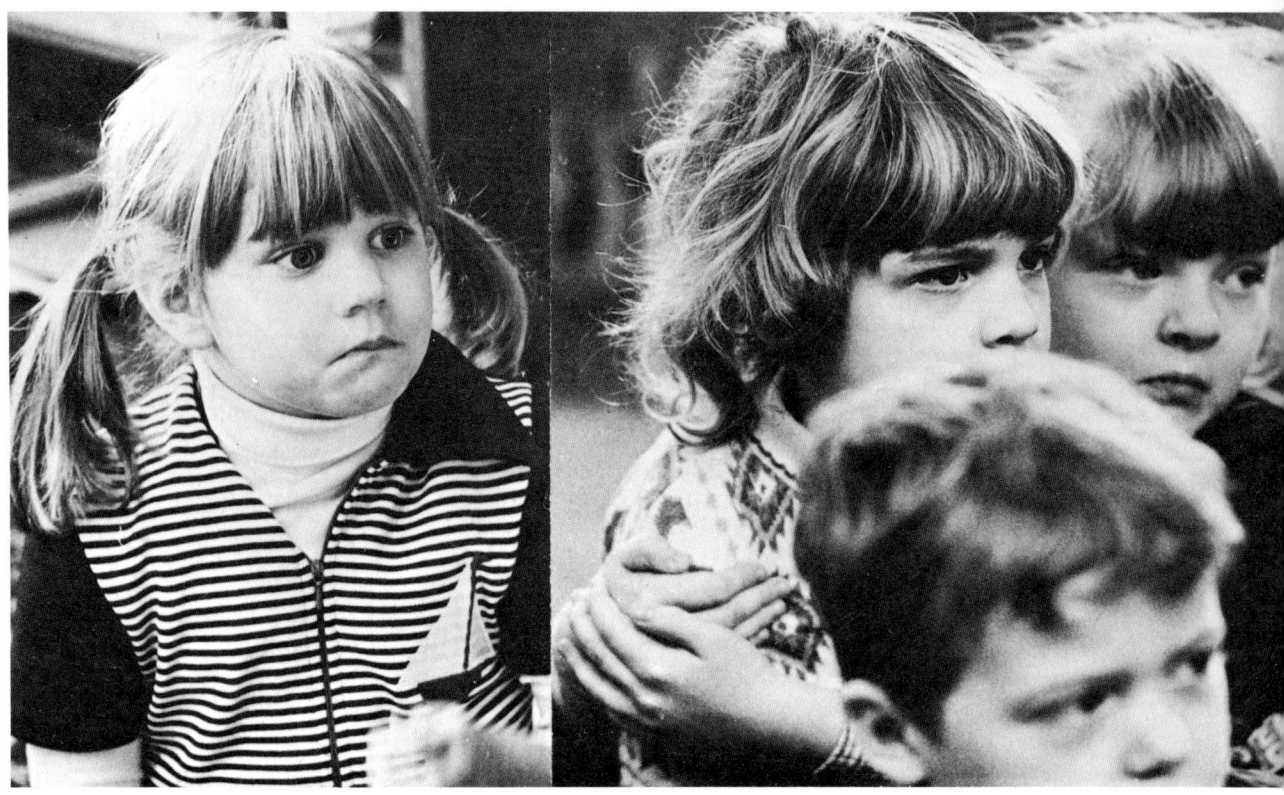

man nicht sterben."

„Warum ist Susi gestorben?" fragt Tonia.

„Sie war sehr krank", erklärt Inge. Aber Tonia möchte eigentlich etwas anderes wissen: Warum stirbt man, warum hörte Susis Leben auf einmal auf?

„Wo ist Susi jetzt?" fragt Anna.

„Wenn sie tot ist, ist sie begraben worden, wie meine Großmutter", antwortet Jan.

„Wo ist sie begraben?"

„Na, auf dem Friedhof."

„Ja", sagt Michael, „der ist wie ein großer Garten. Manchmal gehe ich da mit meiner Großmutter spazieren, da sind Bänke und schöner Schatten."

„Könnten wir mal auf den Friedhof?" fragen die Kinder Inge.

„Ja, wir werden Susis Grab besuchen."

Susis Haken im Flur bleibt jetzt immer leer. Ihr Mantel und ihre Mütze hängen nicht mehr dran, aber ihr Name steht noch dort.

„Niemand darf seinen Mantel dort hinhängen, das ist Susis Platz", hat Hans erklärt.

„Ich hab meiner Mama erzählt, daß Susi tot ist. Mama hat auch gesagt, daß Susi nie mehr zurückkommen wird."

57

Geisterbahn

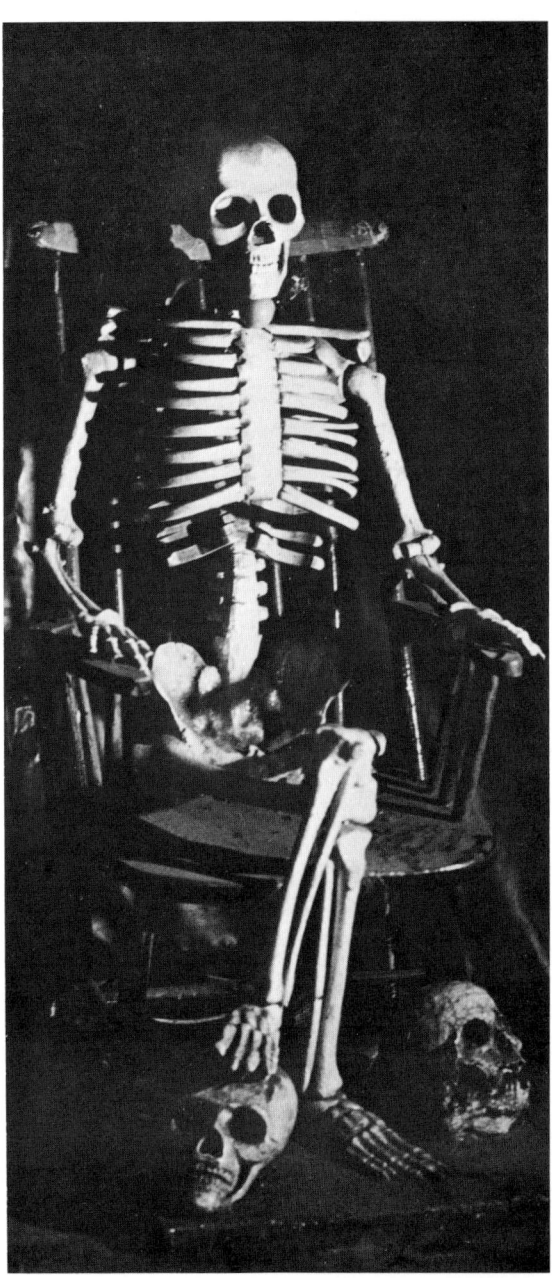

Stefan und Cyril sind den ganzen Weg von der Schule nach Hause gerannt. „Sie bauen schon die Buden fürs Oktoberfest auf und das Riesenrad und das Karussel und die Autos und die Geisterbahn!"
„Bitte geh' mit uns hin, bitte! Cyril darf sicher mit, wenn du seiner Mutter sagst, daß du mit uns gehst."

Tante Elisabeth ist etwas überrumpelt.
„Du hast es einmal versprochen", behauptet Stefan.
Tante Elisabeth gibt nach: „Na, also heute nachmittag."
„Ich freu mich am meisten auf die Geisterbahn", sagt Cyril, „ich hab gar keine Angst."
„Ich auch nicht", schreit Stefan.
„Warst du denn schon einmal in der Geisterbahn, Stefan?" fragt Tante Elisabeth.
„Nein, aber mein Freund hat mir erzählt, daß es gar nicht echt ist, da sind nur Attrappen."
„Was sind Attrappen?" will Cyril wissen.
„Wenn man dich dran kriegt. In der Geisterbahn erscheint ein Geripppe, das bewegt sich und lacht. Es sieht ganz echt aus, aber es ist nur aus

Plastik und Pappe und gar nicht lebendig."

Cyril schweigt, dann sagt er: „Das ist also nur ein Spiel, nicht echt? Auch wenn der Totenkopf ganz nah kommt?"

Als sie zum Jahrmarkt kommen, will Cyril unbedingt zuerst mit dem Gewehr auf eine Zielscheibe schießen. Er trifft nicht ins Schwarze, sondern nur auf die Karte am Rand. Aber das Knallen und der kühle Lauf des Gewehres am Gesicht machen Spaß. ‚Ich schieße mit einer Flinte', denkt er. Stefan will lieber mit Bällen auf Büchsen werfen. Einige fallen um, aber nicht alle. ‚Das sieht so leicht aus', denkt er enttäuscht.

„Komm, wir gehen lieber zur Geisterbahn. Dort ist sie. Siehst du das Tor mit dem Knochenmann und der Sense?" Plötzlich sagt Cyril leise, aber deutlich: „Ich gehe nicht mit!" Stefan lacht. „Du bist ein Angsthase, oder bist du feige?"

„Ach komm", sagt Tante Elisabeth, „du wolltest doch unbedingt gehen — mach jetzt keine Geschichten. Du bist wirklich ein Angsthase."

„Du kannst denken von mir, was du willst, ich gehe nicht." Und Cyril schaut weg.

„Also dann warte hier. Ich geh' mit Stefan." Sie setzen sich in einen der kleinen offenen Wagen. In einem Wagen hinter ihnen sitzen ein Mädchen und ein Mann.

Dann wird es stockfinster. Stefan klammert sich an eine Stange. Es gibt einen plötzlichen Ruck und der Wagen fährt auf den Schienen los. Stefan macht die Augen fest zu. Er sieht nicht das grün angestrahlte, grinsende Geripppe, das in einer Ecke aufleuchtet, aber er hört die Schreie des Mädchens hinter ihm. Etwas Weiches berührt seine Backe, kalte Luft weht ihn an, eine knöchrige

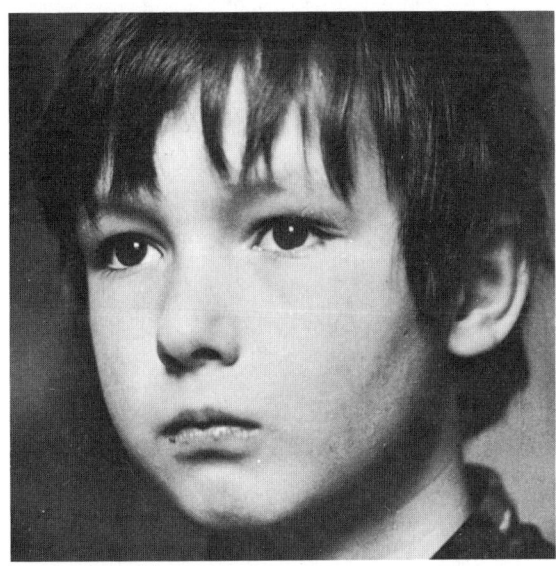

59

Hand fährt durch seine Haare. Stefan ist vor Schreck wie gelähmt, er duckt sich und öffnet die Augen, in Sekundenschnelle sieht er ein Wesen ganz in ein weißes Tuch gehüllt, das ihn aus brennenden, roten Augen anglotzt. Die Fahrt geht immer schneller. ‚Ist das der Tod gewesen?' denkt er, ‚wie komme ich hier nur raus? Muß ich jetzt sterben?' Er wagt nicht, sich zu bewegen. Da

streicht frische Luft über sein Gesicht. Es ist hell, sie sind wieder im Freien. Tante Elisabeth hilft ihm beim Aussteigen. Cyril steht da und Stefan lacht sehr laut: „Es war toll. Ich hatte gar keine Angst. Ich hab den Tod gesehen!"
Cyril lächelt geheimnisvoll und schweigt.

Auf dem Nachhauseweg erzählt Stefan, daß er gestern einen Western im Fernsehen gesehen hat.
„Ich durfte nicht", sagt Cyril.
„Stell dir mal vor, Cyril, da haben sie fünfzig Indianer im Kampf erschossen! Und die Indianer haben dreißig Weiße niedergeknallt. Toll!"
„Findest du das toll?" fragt Tante Elisabeth.
„Na, ja, so reiten, schreien, knallen … Die stehen ja nachher wieder auf und sind gar nicht tot, das ist doch nur Film, die tun nur so. Wenn ich auf Cyril schieße, ist es auch nur zum Spaß. Er schießt ja auch auf mich."
„Du glaubst also, daß es so etwas in Wirklichkeit nicht gibt?" fragt Tante Elisabeth. „Ich weiß aber, daß Menschen andere Menschen umbringen, erschießen, erwürgen, erschlagen, danach stehen sie nicht mehr auf. Im Krieg war ich noch ein kleines Mädchen, aber ich erinnere mich noch gut, als es hieß, daß mein Vater gefallen sei. Das heißt, daß er als Soldat in Rußland starb. Ob er auf russische Soldaten geschossen hat, ob russische Soldaten auf ihn geschossen und ihn getroffen haben, ob ein Panzer ihn überrollt hat, das habe ich nie erfahren. Er kam nie zurück. Deshalb mag ich eure Schiesserei nicht."

In dieser Nacht ist Stefan aufgewacht und hat laut geschrien. Papa ist an sein Bett gekommen, hat das Licht angemacht und hat ihn in die Arme genommen. „Ich hab geträumt."

„Was hast du denn geträumt?"

„Vom Krieg. Es hat so geschossen und ich war auch getroffen. Ich war tot. Da kam so ein Ding auf mich herunter."

Stefan jammert. Papa tröstet ihn.

„Warst du auch im Krieg, Papa?"

„Ja."

„Hattest du Angst?"

„Ja und Nein."

„Warst du tot?"

„Nein, sonst wäre ich nicht bei dir."

„Fast tot?"

„Ja."

„Ist dein Blut geflossen?"

„Ja, an beiden Beinen. Aber schau, es ist wieder zugeheilt."

„Aber laufen kannst du ganz gut."

„Ganz gut, nicht sehr gut."

„Jetzt ist kein Krieg, Papa. Ich möchte gleich sterben, wenn noch einmal Krieg kommt."

„Hier ist kein Krieg. Vielleicht kannst du jetzt schlafen, ich laß die Tür offen und stell dir ein Schlafwasser hin."

„Schlaf ich dann?" „Ja."

„Und wenn Krieg kommt, weckst du mich?"

„Sicher."

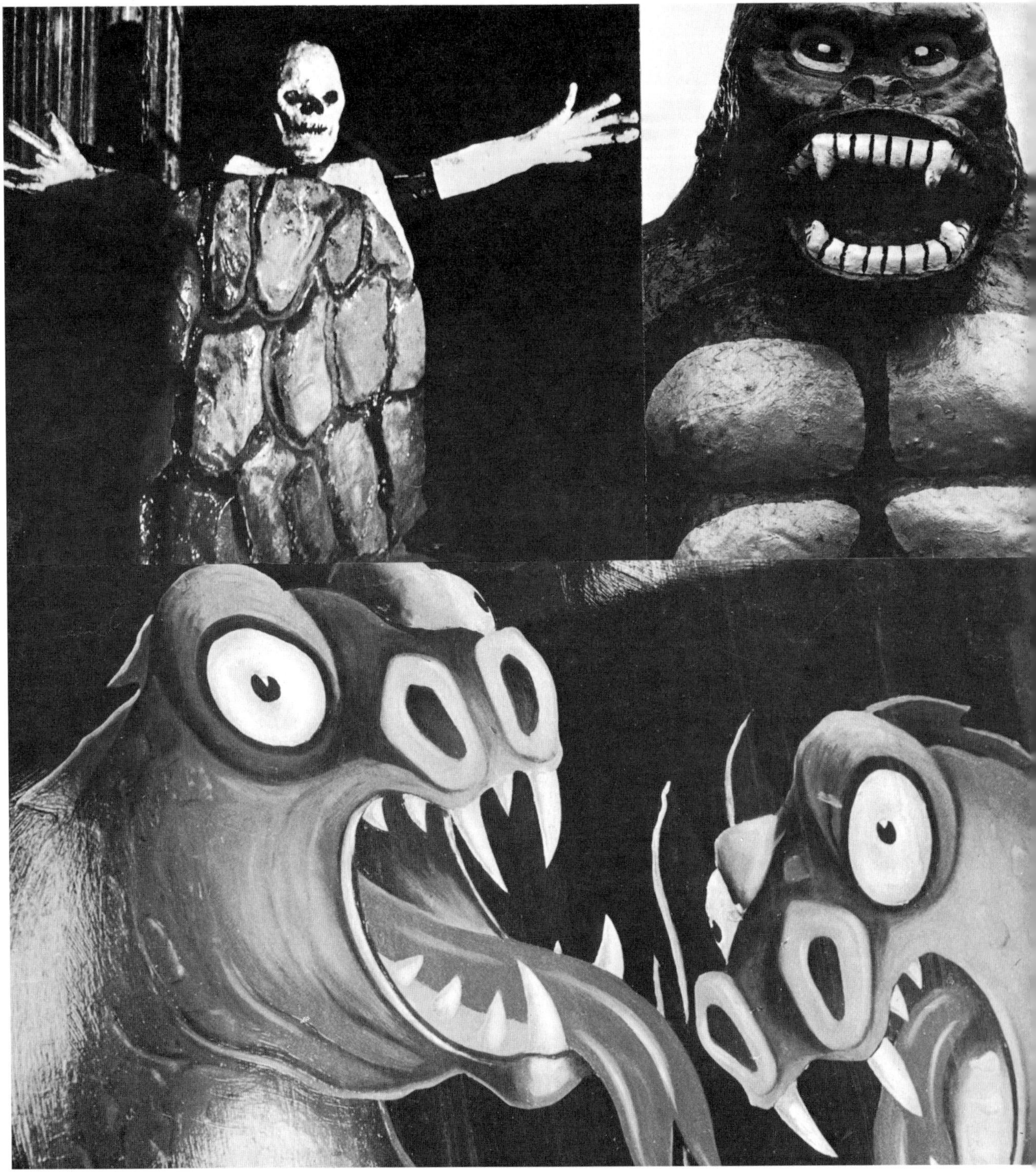

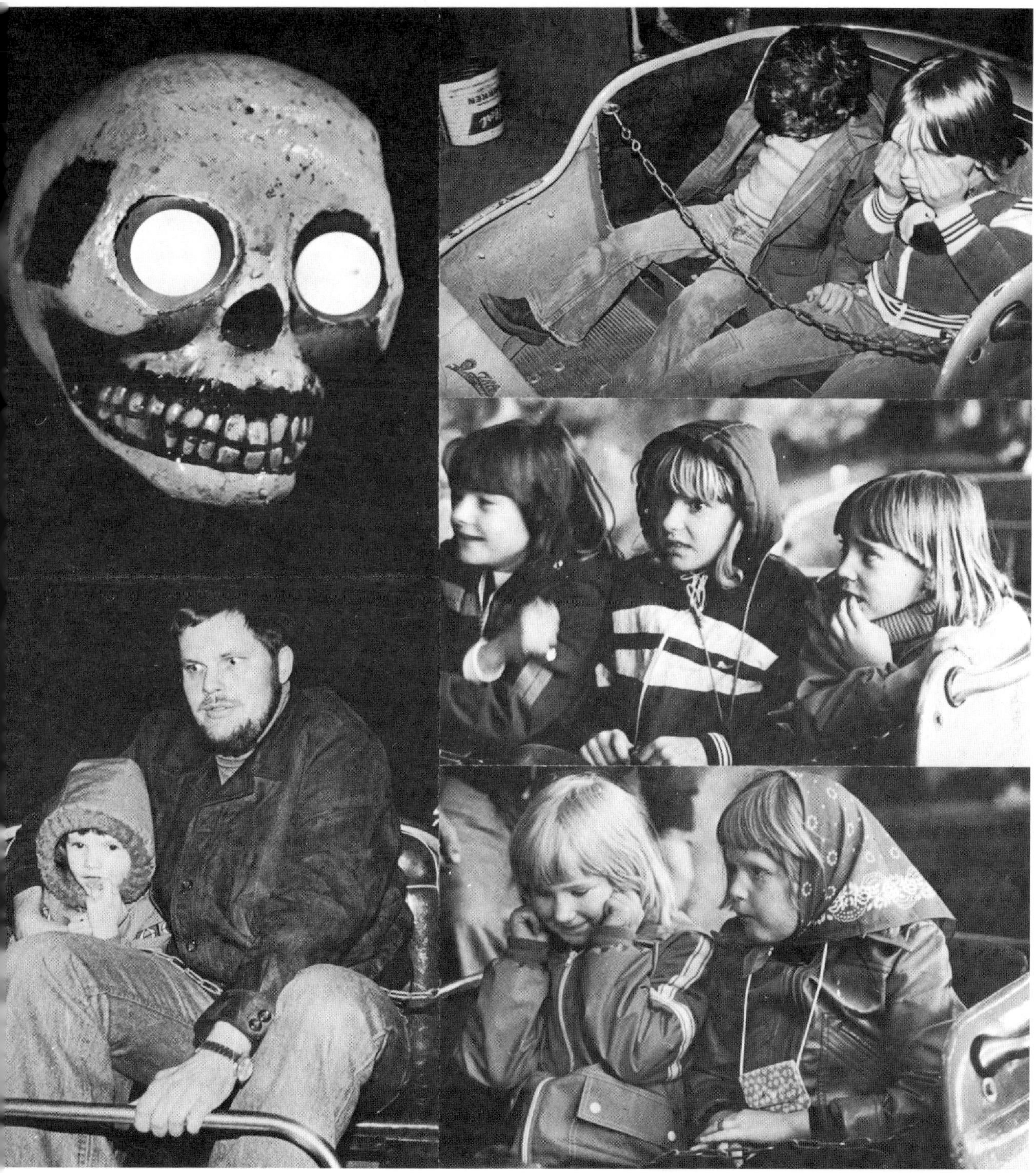

Ich habe ihm den Tod gewünscht

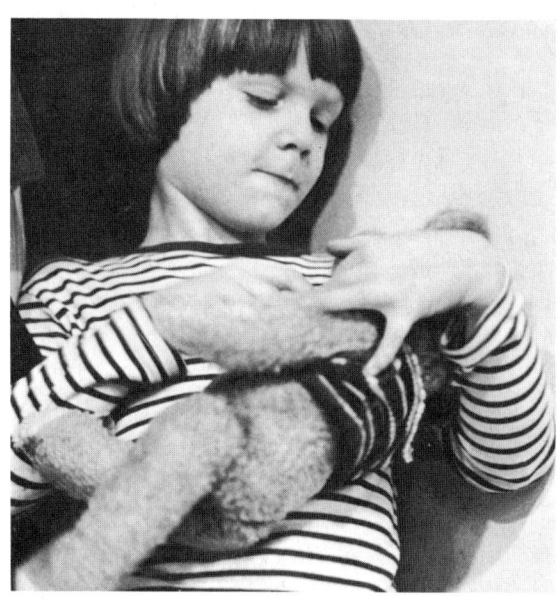

Mimi war unglücklich. Sie hatte ihren Bruder geschlagen, weil er in ihre Spielecke gegangen war und sich dort ihren Bären geholt hatte. Diesen Bären durfte niemand außer Mimi anrühren. Nicolas brüllte und Mimi schrie: „Du hast doch selbst einen Bär!"

Mama war dazu gekommen und hatte geschimpft: „Deinem Bär ist doch nichts passiert! Sei doch nicht immer so häßlich zu deinem Bruder."

Mimi war so außer sich, daß sie am liebsten auch Mama gehauen hätte, die wußte nichts und verstand überhaupt nichts: ‚Immer nur der herrliche Nicolas! Der arme Kleine! Paß auf ihn auf! Leih' ihm doch deine Spielsachen! Du bist doch die Ältere!'

Jetzt war Mama in die Stadt gegangen und hatte den Bruder mitgenommen. Ach wie haßte sie sie alle! Mimi dachte nach: ‚Ich lauf jetzt fort, ganz weit weg. Dann können sie suchen. Nein, ich will sterben. Die werden schön weinen, wenn ich tot bin. Dann kann man nicht mehr: ‚Mimi, Mimi!' rufen. Denen wird es schön leid tun, wie sie mich behandelt haben. Aber dann können sie nicht mehr lieb zu mir sein, nur weinen können sie, weinen, weinen, weinen.'

Diese Gedanken taten Mimi gut. Fast hatte sie Mitleid mit der weinenden Mama. An Nicolas dachte sie nicht. So saß sie eine Weile und dann beschloß sie, zu Frau Schubert, die einen Stock über ihnen wohnte, zu gehen. Sie rannte hinauf, klingelte und wartete mit Ungeduld. Dauerte das lang! Endlich kam Frau Schubert, sie war schon alt und kannte Mimi von Geburt an.

„Darf ich zu dir kommen? Mama ist wieder mit Nicolas weggegangen."
Sie saßen am Fenster, Frau Schubert

nähte. „Hast du auch einen Bruder, Tante Dorli?" fragte Mimi.

„Ja, ich hatte zwei Brüder. Einen großen, der fast wie ein Vater war, weil er soviel älter war und einen etwas jüngeren als ich."

„Hattest du den gerne?"

Frau Schubert zögert etwas, bis sie antwortete: „Ja, später hatte ich ihn sehr gerne. Später, ja. Zuerst war es so: Ich war die Jüngste und dann kam eines Tages das ‚Brüderchen‘. Ich hatte mich gefreut. Aber plötzlich drehte sich alles nur um ihn und ich hatte das Gefühl, daß man mich vergaß. Der Bruder durfte alles. Er durfte an Mutters Brust

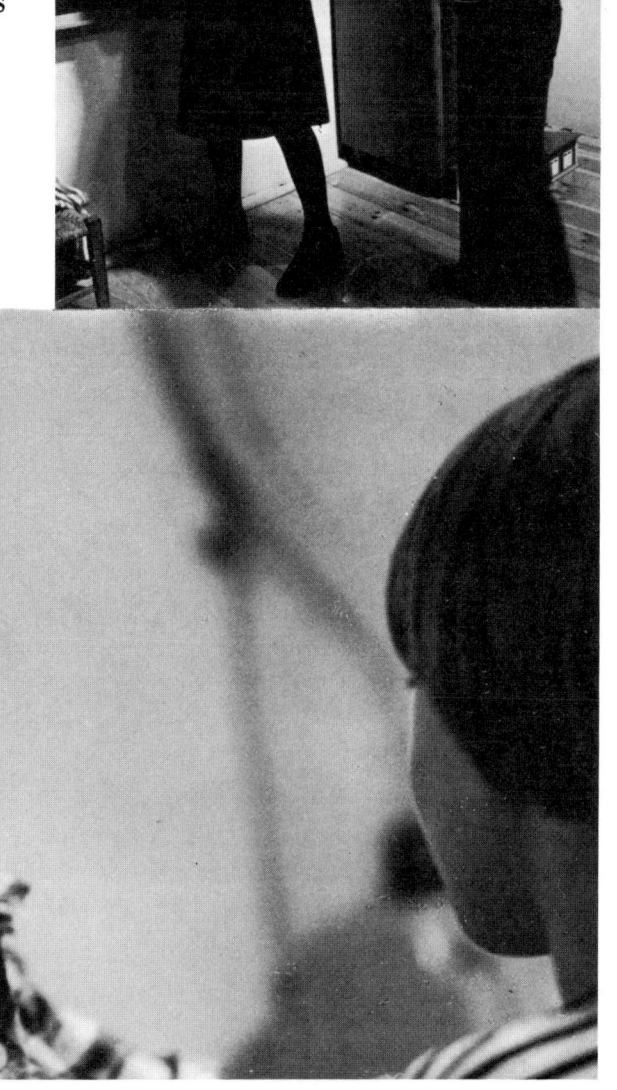

trinken, wenn er schrie, rannte meine Mutter zu ihm. Ich mußte immer leise sein. Als er größer wurde, durfte er mit meinen Spielsachen spielen. Das ärgerte mich. Immer wurde ich ermahnt. ‚Sei doch nicht so geizig, so habsüchtig!' Ich war nicht habsüchtig, ich war nur sehr sorgfältig mit meinen Sachen und fürchtete, der Bruder könne alles kaputt machen. Als ich zehn Jahre alt war und er sechs, ich erinnere mich genau, als ich einmal nach Hause kam, hatte er meine große Puppe, die ich niemand anrühren ließ, aus ihrem Bett geholt und mit seinem Finger am Auge herum gepult, bis er es draußen hatte. Dann hatte er Angst bekommen, war aus meinem Zimmer gerannt und hatte alles liegen lassen. Du kannst dir nicht vorstellen, wie wütend ich wurde. Ich wünschte, daß er geschlagen werde, ich dachte mir Strafen aus und schließlich wünschte ich ihm, er solle sterben, um endlich Ruhe vor ihm zu haben. Ich weiß nicht mehr, was meine Mutter zu der kaputten Puppe sagte. Ich erinnere mich nur, daß sie repariert wurde, und ich sie lange entbehren mußte. Was ich aber genau weiß, daß der kleine Bruder am nächsten Tag sehr krank wurde und schließlich ins Krankenhaus mußte. Ich atmete erleichtert auf. Endlich war er weg! Mama war viel im Kranken-

haus. Sie sah oft verweint aus und ich versuchte, sie zu trösten und weinte mit ihr. Inzwischen hatte ich Angst bekommen. Ich hatte dem kleinen Bruder den Tod gewünscht, deshalb würde er sterben. Ich wachte nachts auf, und mein Herz klopfte zum Zerspringen. Ich mochte nicht mehr essen und alle in der Familie meinten, daß ich Angst um das Brüderchen hätte. Ich hatte Angst. Ich hatte solche Angst, daß ich eines Abends zu meinem Vater in den Sessel kroch; er streichelte mich und sah mich aufmerksam an. Ich erzählte ihm alles: den Haß auf den Bruder und das Schlimmste, mein böser Wunsch.
„Es geht Ernst schon besser", sagte Vater, „es geht aufwärts mit ihm. Wir wollen ihm beide wünschen, daß er wieder ganz gesund wird. Du hast gedacht, daß wir dich vergessen. Wir lieben dich genauso wie Ernst. Dein böser Wunsch hat nichts mit seiner Krankheit zu tun. Nur du meinst das. Du mußt mir glauben. Wut und Eifersucht haben dich verwirrt."
Nach vielen Wochen kam Ernst zurück nach Hause und wurde wieder ganz gesund. Später fingen wir an, uns zu befreunden. Du kennst ihn ja."
„Onkel Ernst?" sagte Mimi, „der süße Onkel Ernst. Oh, Tante Dorli."
Mehr hatte Mimi nicht gesagt.

Die Wespe

Fritz hat sich mit Ingo gestritten.
Warum darf er denn nicht mit Ingos
Mikroskop spielen? Er macht doch
nichts kaputt. Ingo ist eisern.
„Du paßt mir nicht genug auf, basta.
Du hast ja deine Lupe."
Fritz bleibt alleine zu Hause. Die
Lupe, die vergrößert schon, aber seit
Fritz das Mikroskop gesehen hat,
findet er die Lupe läppisch. Er lang-
weilt sich. Mama kommt erst in
einer halben Stunde zurück. Alles ist
langweilig. Fritz geht in die Küche.
Eine Wespc surrt am Fenster. „Du
gemeine Suse. Dich krieg ich!" Die
Wespe fliegt in der Küche herum.
Manchmal stößt sie ans Fensterglas,
mal an die Wand.
„Ich krieg dich schon", sagt Fritz
ganz aufgeregt. „Ich bin ein Jäger
und du ein Luder."
Aber die Wespe entweicht immer
wieder. Fritz bleibt ganz still. Die
Wespe gleitet am Fenster entlang.
Fritz zieht seine Sandale aus und
wartet. „Die Wespe — ist es wirklich
eine Wespe? Vielleicht ist es eine
Biene? Biene oder Wespe — Wespe
oder Biene — die haben in der
Küche nichts zu suchen."
Da haut er plötzlich mit dcr Sohle
auf's Fenster. „Ich hab sie", jubelt er.

67

Das Insekt liegt auf der Seite gekrümmt auf der Fensterbank. Es zappelt. Fritz sagt: „Ich werd's dir zeigen!" Fritz nimmt einen Löffel und teilt die Wespe mitten durch. Der Rumpf krümmt sich und bleibt regungslos liegen, aber der Kopf und zwei Beine bewegen sich noch. ‚Ist sie denn nicht tot?' Er nimmt die Wespenteile auf den Löffel und trägt sie in den Ausguß; dann läßt er lange das Wasser laufen. Er atmet auf. Auf dem Fensterbrett liegt etwas Gelbes und ein Bein von der Wespe. Fritz bläst auf das Bein, es fällt auf den Boden. Das klebrige Gelbe entfernt er mit Zeitungspapier.

„Was machst du denn?" Mama steht in der Tür.
„Oh, eine Wespe hatte das Fensterbrett schmutzig gemacht. Ich hab's weggewischt."
„Das machen doch Wespen sonst nicht. Wo ist denn die Wespe?"
„Weggeflogen."
In dieser Nacht träumt Fritz, daß er mit der Lupe in den Ausguß schaut. Dort sitzt die halbe Wespe und starrt ihn an. Sie lebt immer noch. Am nächsten Morgen beim Frühstück fliegt eine Wespe um das Pflaumenmus herum. ‚Das ist doch eine andere', sagt er sich und denkt plötzlich an seinen Traum.

Jans Grab

Frau Inger wohnte alleine in der Heide, mit ihrem kleinen Jungen und zwei Wolfshunden. Frau Inger war nicht verheiratet. Das nahmen ihr die Leute vom Dorf übel, obwohl sie es doch gar nichts anging. Jan war ein Junge, der jeden Vogel, jedes Kraut, jedes Tier im Wald kannte. Er war bei jedem Wetter draußen mit seinen Hunden, die über ihn wachten. Jan war gesund und glücklich. Einmal im Sommer nahm Frau Inger Jan mit an den See. Er spielte den ganzen Tag am Wasser, sammelte Muscheln, Gräser und Steine. Frau Inger saß in einer nahe gelegenen Hütte und schrieb. Plötzlich kam der Hund zu ihr und bellte. „Ruhig, Sambo, ruhig!" ermahnte sie ihn. Aber der Hund schien unruhig zu sein. Als sie zum Wasser ging, war Jan nicht zu sehen.
Sie rief, suchte. Die Wasserpolizei kam. Alle suchten, aber Jan blieb verschwunden.

Nach acht Tagen wurde er gefunden. Jan war am See entlanggelaufen bis zu einem kleinen Seehafen. Dort war er von der Kaimauer ins tiefe Wasser gestürzt und ertrunken. Der Schmerz von Frau Inger war wild und grenzenlos. Sie ging wieder zurück in die Heide, und keiner wußte wie es ihr ging. Nach acht Tagen war die Beerdigung von Jan auf dem Friedhof des Ortes. Neugierige waren gekommen. Frau Inger und zwei Freunde standen am Grab. Sie hielt Jans Mantel aus Lammfell eng an sich gepreßt und starrte auf das aufgeschaufelte Grab, in das der kleine, weiße Sarg heruntergelassen wurde. Dann schrie sie plötzlich „Jan!", daß es den Menschen durch Mark und Bein ging. Die Freunde führten sie weg.

Am nächsten Tag sah man sie mit einem Korb voll Pflanzen. Sie ging zum Grab und bepflanzte es mit Blumen und Gräsern des Waldes: Veilchen, Anemonen und Farnen und einer jungen Birke. Dann steckte sie noch drei große, schöne Vogelfedern in die Erde.
Als sie nach zwei Tagen wiederkam, war alles ausgerissen und das Grab sah aus, als hätte ein Hund in der Erde gewühlt. Frau Inger war verzweifelt. Sie bepflanzte das Grab wieder und erstattete Strafanzeige. Der Pfarrer erklärte von der Kanzel, daß die unbekannten Grabschänder

sich schwer versündigt hätten. Alle Menschen seien gleich vor Gott und den Menschen, im Leben und im Tod. Der Tod setze dem Menschen eine Grenze. Jedem Toten gebühre die gleiche Achtung. Als die Leute aus der Kirche gingen, flüsterte eine Frau: „Hätte diese Auswärtige besser auf ihr Kind aufgepaßt!"

Frau Inger bekam einen Brief ohne Unterschrift. Darin stand, sie solle ihr Grab bepflanzen, wie andere Leute auch, und die Birke, die könne sie sich sparen, die sei nicht zulässig. Einer der Totengräber wurde ertappt, als er sich daran machte, die Birke umzulegen. Er wurde bestraft. Jedes Frühjahr blühen als erste die wilden Blumen auf Jans Grab. Hinter der hohen Birke steht jetzt eine Bank, die die Gemeinde hat hinstellen lassen.

Der Ausflug

Hans und Maria sitzen hinten im neuen Auto. Sie machen einen Ausflug mit ihren Eltern. Zuerst will die Familie ein Stück Weg mit dem Auto fahren bis zum Rotwald. Von dort aus wollen sie wandern und mittags picknicken. Der Vater hat den Kindern sogar ein Feuer versprochen, zum Würstchenbraten.

„Was liegt denn da auf der Straße?" fragt Hans. „Eben lag schon so etwas da."

„Igel", antwortet Vater.

„Igel?" wiederholt Hans.

„Ja, tote Igel."

„Und was machen sie auf der Straße, Vater?"

„Unsere Straßen kreuzen ihre Wege. Wir haben in den letzten Jahren viel Natur zerstört. Igel und Waldtiere verirren sich oft, laufen in die Autos hinein und werden überfahren."

In diesem Augenblick gibt es einen Stoß und ein dumpfes Geräusch, als wenn etwas auf den Kühler gefallen wäre. Vater bremst heftig und bringt schließlich den Wagen zum Stehen. Die Kinder werden hochgeschleudert, Mama schreit auf. Alle sind erschrocken. Endlich sagt Vater: Na, dies ist ja noch einmal gutgegangen. So etwas. Ist alles in Ordnung, Kinder? Ist nichts passiert? Gott sei Dank waren wir angeschnallt."

„Was ist denn los?" ruft Hans. „Sag doch, Vater."

Vater geht zum linken Kotflügel.

„So was", brummelt er, „der muß ganz ausgebeult werden."

„Was denn, Vater?"

70

„Der Kotflügel. Ein Reh ist uns hineingelaufen. Gott sei Dank fuhren wir nicht schnell. Was hätte alles passieren können! Wir könnten alle tot sein. Da liegt es."

Zwei Meter von dem Auto entfernt liegt ein Reh und bewegt sich nicht. Die Augen sind gebrochen. Blut fließt unter seinem Kopf hervor.

„Ist es tot?" fragt Mutter.

„Ja, der Aufprall muß so heftig gewesen sein, daß es wohl gleich tot war. Gott sei Dank."

„Warum sagst du dauernd Gott sei Dank", schreit Hans. „Wir hätten es pflegen können, du bist böse, böse!"

Hans stampft und weint, er geht auf Vater los und boxt blind auf ihn ein. Vater hält ihn fest. „Hans, hör auf."

„Nein", unterbricht ihn Hans, „du hast das Reh totgefahren."

„Nein, Hans, das Reh ist mir ins Auto gelaufen."

Hans schaut Vater an. „Aber warum hast du nicht früher gebremst?"

„Ich konnte nicht, es ging alles zu schnell. Es tut mir doch selber leid."

Das Reh liegt am Straßenrand.

„Komm, wir ziehen es noch etwas ins Gras herüber, damit kein anderes Auto darüber fährt. Wir müssen ins nächste Dorf, um den Förster zu benachrichtigen."

„Was macht der mit dem Reh?" fragt Hans.

„Wahrscheinlich verkaufen zum Essen."

„Essen!", die Kinder sind entsetzt.

„Ja, essen. Wir essen auch Fleisch."

„Ich möchte zurück nach Hause", sagt Hans.

„Aber wir wollen doch wandern . . ."

„Ich kann nicht mehr wandern, Vater."

Mama legt den Arm um Hans.

„Komm, Hans."

Hans hat die Wanderung mitgemacht. Er hat auch Spaß an dem Feuer gehabt. Aber die Würstchen hat er nicht angerührt.

71

Peps

„Bist du noch immer sehr traurig, daß Peps gestorben ist?" hatte Stefan seine Mutter einige Zeit nach dem Tod ihres Vaters gefragt.

„Ich bin noch traurig, aber nicht mehr so quälend wie unmittelbar nach seinem Tod."

Mutters Vater hat vierzehn Jahre mit der Familie gelebt. Er war ein wunderbarer Großvater, und viele

Freunde der Kinder betrachteten Peps auch als ihren Großvater. Er erzählte herrliche Geschichten, und wenn die Kinder etwas angestellt hatten, half er ihnen aus ihren Schwierigkeiten. Sie vertrauten ihm voll und ganz. Dann wurde er krank. Die Geschichten wurden seltener. Er war traurig, etwas mürrisch, lächelte selten. Er aß kaum, schob den Teller weg beim Essen und sagte: „Es ekelt mich!" Darauf mußte er einen einzigen Tag in die Klinik zur Untersuchung. Nur Mutter erfuhr danach, wie schwer krank Peps war. Als er zurückkam, setzte er sich auf den Stuhl im Flur, stützte sich auf seinen Stock und weinte leise vor sich hin.

„Schick mich nicht mehr fort", sagte er zu Mutter. „Schicke mich nie mehr fort. Ich halte es nicht aus."

„Es war doch nur zu einer Untersuchung, Peps", sagte Mutter, aber er weinte weiter.

Mutter und Vater hatten beschlossen, ihn in jedem Fall zu Hause zu behalten und zu pflegen. Peps wurde bettlägerig. Er mußte gebadet und gewickelt werden. Er war sehr traurig geworden, schimpfte oft, las nicht mehr und saß in seinem Sessel und ließ den Kopf hängen. Eines Morgens war er tot. Ganz ruhig war er gegen Ende der Nacht gestorben.

„Ich war doch noch um 4.00 Uhr morgens bei ihm", sagte Mutter und weinte, „da lebte er noch. Mein armer Peps."

Die Kinder standen um sie herum und weinten auch. Peps sah nur etwas friedlicher aus als in den letzten Wochen seiner Krankheit. Er lag auf dem Rücken, die eine Hand auf der Brust, die andere hing zum Bett heraus. Er war bei dem Versuch, aufzustehen, gestorben.

„Es ist gut, daß er gestorben ist", sagte Mutter zu den Kindern. „Er sieht fast so aus wie früher, als er noch mit euch auf die Tanne kletterte."

Mutter strich über Pepsens Haare. „Jetzt braucht er nicht mehr gewickelt zu werden. Ich weiß, wie sehr er das gehaßt hat. Jetzt leidet er nicht mehr."

Mutter rief Onkel Thomas an, der Arzt ist. Er kam, stellte den Tod fest und schrieb den Totenschein aus. Zusammen mit Mutter wusch er den toten Peps, zog ihm ein schönes, weißes Hemd an, kämmte ihn und deckte ihn bis zur Brust zu. Seine eine Hand ließen sie auf der Brust und legten die andere dazu. Dann holte Mutter eine große Kerze, zündete sie an und stellte sie neben den toten Peps. Onkel Thomas ging, und Mutter setzte sich in Peps' Sessel und dachte nach. Manchmal sprach sie mit Peps. Die Kinder kamen leise zu ihr und setzten sich

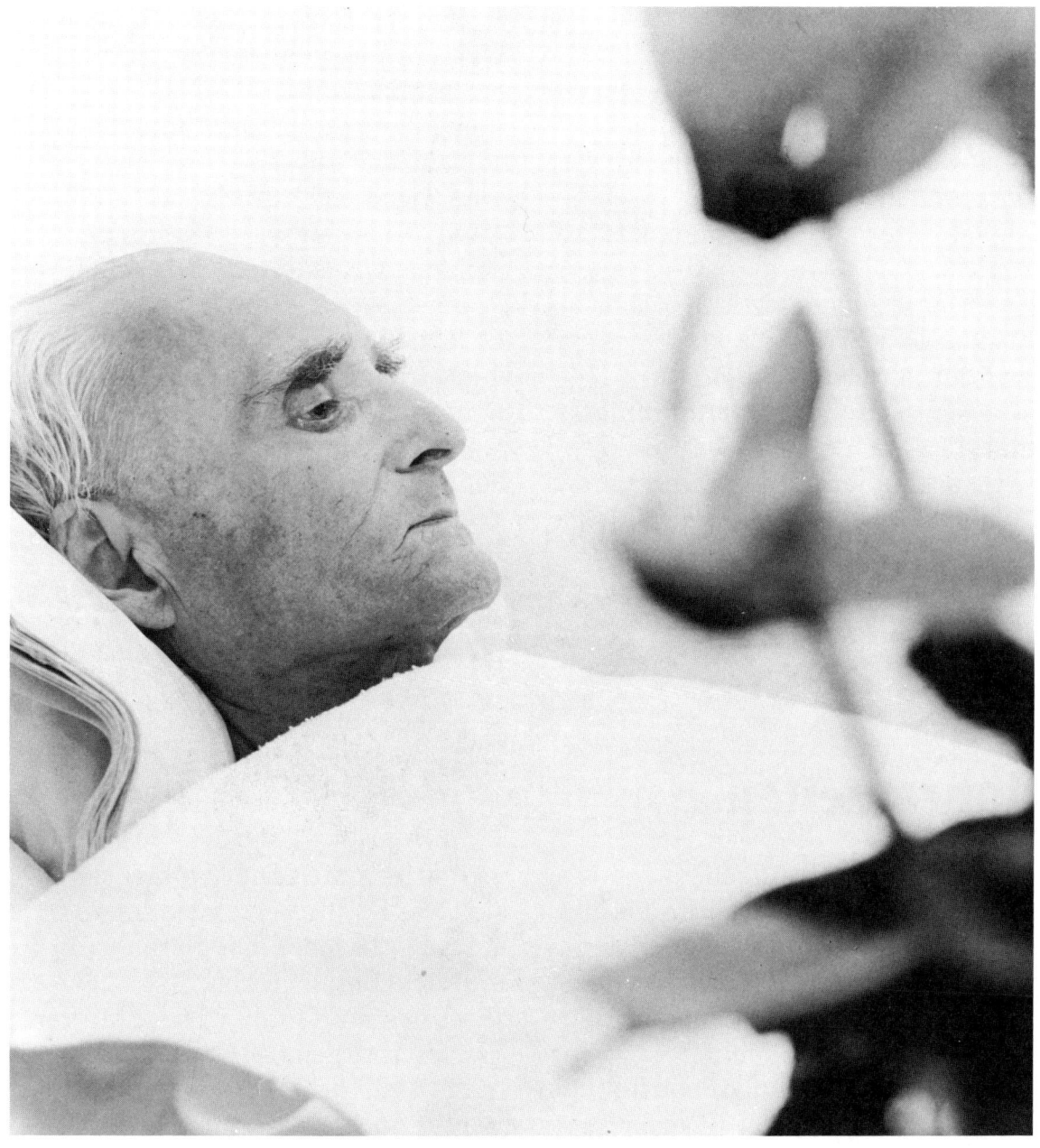

auf den Boden um sie herum. So blieben sie eine Weile. Später kam der Pfarrer und sprach mit der Familie die Totengebete. Vater kam erst am Abend von einer Reise zurück. Peps sah jetzt etwas strenger aus. Vater und Mutter saßen bei Peps die ganze Nacht und wachten bei ihm. Am Tag darauf wurde Peps von Männern eines Beerdigungsinstituts abgeholt. Bevor sie Peps in den Sarg legten, blies Mutter die Kerze aus und berührte noch einmal Peps' Wange. Alle waren dabei. Mutter weinte nicht. Peps wurde zum Friedhof gebracht. „Wir wollen jetzt zu Mittag essen", sagte Mutter, „alle zusammen, ohne Peps."

Zwei Jahre später, eines Morgens als Mutter zum Frühstück kam — es war der Jahrestag von Pepsens Todestag — lächelte sie und schien glücklich. „Ich hatte einen Traum", sagte sie zu den Kindern und Vater. „Wir saßen beim Abendessen, als die Türe aufging und Peps eintrat, so wie er früher war: mit dem leicht tänzelnden Schritt, den schönen, weißen, lockigen Haaren, braungebrannt, im grauen Flanellanzug, der ihm so gut stand. Der Stock hing an seinem Arm, in der Hand hielt er eine Zigarre. Ich sprang auf und sagte: ‚Aber Peps, wo bist du denn so lange gewesen, ich habe mich so geängstigt.'

Er lächelte sein bezauberstes Lächeln und sagte: ‚Oh, ich? Ich habe eine kleine Reise gemacht.' Das habe ich geträumt. Der fröhliche, alte Peps ist wieder zurückgekommen; er hat den mürrischen, kranken Peps verdrängt. Ich seh ihn wieder, wie er immer war."

Jahreszeiten

74

Heinrich hat den ganzen Nachmittag mit seiner Mutter Blätter im Garten zusammengeharkt und sie auf den Komposthaufen gebracht. Einen Schubkarren nach dem anderen. „Ma, das sind viele Blätter", sagt er, steigt oben drauf und läßt sich hineinplumpsen.

„Jetzt legen wir Tannenzweige drauf", sagt Mutter, „sonst fliegt alles weg. Schau mal, wie der Herbstwind über das Land fegt."

Heinrich blickt in den großen, weiten Himmel. Die Wolken jagen sich, die Sonne verschwindet, dann strahlt sie wieder. Die Ferne ist klar und deutlich. Es ist lau.

„Fast wie im Sommer", sagt Mutter. Sie will morgen die Blumenzwiebel in die Erde tun. „Hoffentlich hält das Wetter noch, es kommt ein Wetterumschwung".

Am nächsten Morgen ist Mutter schon sehr früh in den Garten gegangen. Der Himmel ist grau, der Wind bläst nicht mehr so stark, es ist merklich kälter. Mama pflanzt. Mit klammen Fingern kommt sie ins Haus. „Schau her, ich hab noch ein paar Nüsse gefunden."

„Soll ich sie in den Sack tun?"

„Nein, wir wollen sie heute mittag essen."

Heinrich liebt den Sack mit den Nüssen. Den ganzen Winter essen sie davon. Der kleine Garten sieht jetzt leer und ordentlich aus. Die Bäume sind fast kahl, die Wiese ist nicht mehr sehr grün. Ein Chrysanthemenbusch blüht noch hellrosa am Haus. Mutter hat die letzten Birnen gepflückt. Im Blumenbeet stehen Stiefmütterchen und der Rosenstock bei der Veranda hat sogar noch Rosen und Knospen. Mutter schneidet sie ab.

„Die gehen alle noch auf", sagt sie und stellt sie in eine Vase.

Vater kommt abends nach Hause.

„Es zieht an", sagt er. „Wir werden Schnee bekommen."

Schnee — Heinrich möchte Vater am liebsten umarmen.

Heinrich sitzt hinter dem Fenster und schaut hinaus in die Dämmerung. Vereinzelte, langsam fallende Flocken wirbeln in der Luft. „Ob es wirklich losgeht? Oh, Vater, wenn's doch wirklich schneien würde!"

Am nächsten Morgen ist alles weiß. Es hat über Nacht geschneit. Die Stiefmütterchen sind verschwunden, der Komposthaufen sieht aus wie

ein umgekipptes Schiff, der Chrysanthemenbusch läßt die Blüten hängen. Sie sind grau und verwelkt.

‚So schnell geht das', denkt Heinrich. „Mama, gehen die Stiefmütterchen auch kaputt?"

„Oh nein, die halten die Kälte aus, dafür blühen sie lang im Frühjahr und sind kräftig und gesund."

„Und die Chrysanthemen?"

„Die muß man abschneiden. Im Frühjahr, nach dem Winter, treibt der Busch neue Triebe, er wächst im Sommer und schenkt uns im Herbst wieder soviel rosa Sterne wie dieses Jahr."

75

„Geht das immer so weiter?" fragt Heinrich.

„Ja", antwortet die Mutter. „Die Sonne geht jeden Tag auf und sie geht jeden Tag wieder unter, ob wir wollen oder nicht. Dem Tag folgt die Nacht. Früher haben die Menschen gedacht, der Himmel frißt die Sonne und morgens wird sie wieder geboren. Aber die Sonne steht am Himmel, und wir auf unserer Erde drehen uns um sie; mal näher, dann ist es Frühjahr und Sommer, und mal weiter weg von ihr, dann wird es Herbst und Winter und es ist kalt."

„Und jetzt stirbt alles?"

„Um wieder neu zu leben. Der Saft der Bäume geht jetzt im Winter in die Wurzeln. Im Frühjahr, wenn der Baum noch kräftig ist, geht der Saft wieder in seine Äste. Sonst verdorrt er und stirbt. Und dann muß er gefällt werden und wir müssen einen neuen pflanzen. Und wenn man ihn stehen ließe, dann bräuchte es lange, lange Zeit, bis er verfault, verrottet und zu Erde wird."

„Und die Menschen?" fragt Heinrich, „haben die auch Jahreszeiten? Bin ich ein Junge im Frühling? Dann bist du eine Frau im Sommer, Papa ist ein Mann im Sommer, Tante

Emma ist jetzt im Herbst und Groß-vater ist im Winter. Und dann, Ma, wie geht es weiter?"

„Dann stirbt der Mensch und wird in die Erde zur Ruhe getragen."

„Und wann kommt der Mensch wieder?"

„Jeder Mensch glaubt im geheimen oder ganz offen, daß er wieder-kommt, daß er nicht verloren geht, daß er irgendwohin geht. Wir glau-ben an das ewige Leben nach dem Tod, wo die Zeit aufhört und die Ewigkeit anfängt."

„Mutter, der Mensch wird aber begraben."

„Ja, aber das Unsichtbare in dir, was du auch bist, geht in die Ewigkeit."

„Ist das Unsichtbare mein Herz?"

„Dein Herz, ja, aber nicht das Herz, das hier klopft. Ich kann nicht immer sehen, was du denkst; ich kann nicht immer wissen, was du fühlst; ich sehe deinen Geist nicht, ich spüre ihn; ich sehe deine Seele nicht, aber ich empfinde sie manch-mal. Dieses Unsichtbare geht nie verloren. Das bist du genauso. Das Sichtbare und das Unsichtbare sind eins."

Inhalt

* Geschichten, die besonders für die jüngeren Leser geeignet sind.

Das Märchen „Der Tod und der Gänsehirt" entnahmen wir mit freundlicher Genehmigung des Beltz Verlag Weinheim und Basel, Programm Beltz & Gelberg aus Janosch, „Janosch erzählt Grimm's Märchen".

Folgende Fotos wurden uns freundlicherweise zur Verfügung gestellt:
Erwin Müller und Lu Mevert, Berlin (Seite 14 – 17);
Reinhard-Tierfoto Hans Reinhard, Eiterbach (Seite 23);
Familie Krumm, Ravensburg (Seite 27);
Rupert Leser, Bad Waldsee (Seite 38);
Ferdinand Stottele, Grafing (Seite 73);
Roland Nieß, Wernsreute (Seite 75);

Ich und die Welt:
Fotobilderbücher für Kinder und ihre Eltern:

Ich bin jetzt in der Schule
Ich bin jetzt im Krankenhaus
Ich bekomme einen Bruder*
Ich sorge für ein Tier
Ich bin doch auch wie ihr*
Ich gehe zum Zahnarzt
Ich will etwas vom Tod wissen
Ich bin jetzt im Kindergarten

Außerdem erschien das umfassende und informative große Fotolesebuch Meine Familie – Deine Familie Berichte aus dem Familienalltag.

* (erscheint auch als Mappe für den Gebrauch in Kindergarten und Schule)